HISPANOAMÉRICA MODERNA

FREDERICK S. RICHARD

HARCOURT BRACE JOVANOVICH, INC.

New York • Chicago • San Francisco • Atlanta

To Carmelinda Hope

ISBN: 0-15-536110-4

Library of Congress Catalog Card Number: 79-185803

Printed in the United States of America

CONTENTS

MÉXICO Y CENTROAMÉRICA

LAS ANTILLAS

LOS ANDES

EL RÍO DE LA PLATA

PREFACE

Hispanoamérica moderna is an elementary civilization reader that bridges the gap between the dialog and short narrative the student finds in a basic grammar text and the kind of reading he will encounter by the time he begins the formal study of literature. As such, this book has been prepared to accomplish the following objectives: to develop reading skills, to increase the student's vocabulary by an estimated 2,000 words, including cognates and derivatives, and to introduce the contemporary culture of Spanish America.

Since, in general, this book aims to stimulate the student's desire to learn the language by presenting topics relevant to his own interests and to prepare him for further study of Spanish American literature and civilization, it may be used in any of the following courses: elementary courses requiring a basic reading program, conversation courses requiring thought-provoking topics for discussion, and intermediate survey courses in literature and civilization requiring an introduction to the subject matter. *Hispanoamérica moderna* has been organized to allow maximum flexibility in meeting the needs of individual classes.

In order to make the book accessible to the student as early as possible, grammar and vocabulary have been deliberately controlled. But in applying these controls a serious effort has been made to avoid the pitfalls inherent in a system of programed reading. Therefore, the language presented here is authentic and natural, the style is simple and direct, and the content challenging and interesting.

In all fourteen cultural readings of this book, new vocabulary and grammatical structures have been introduced in a carefully organized progression. Every new word is repeated as soon and as often as possible in the same and succeeding chapters. Nouns, verbs, and adjectives having the same root are introduced in as close succession as possible, so that meaning can be easily inferred. Special controls have been applied with respect to verb tenses. Generally, in the first half of the book (Chapters 1–7) only the present tense has been used. Historical events are therefore related in the historical present in order to avoid the use of the preterit and the imperfect. These aspects of the Spanish past tense appear only when grammatically required, and they have been glossed and identified in the margin. After Chapter 6, controls of verb tenses have been gradually relaxed. To maintain the elementary level throughout, however, the present perfect is the only compound tense used extensively. Stylistic choices have been made to obtain the highest degree of simplicity and clarity within the carefully controlled range of vocabulary and structures. Marginal glosses consist of English equivalents to make meaning readily accessible in terms of the context in which the glossed word or expression appears. Footnotes, also in English, explain difficult excerpts from poems and essays or clarify the meaning of particular words and concepts as used in Spanish America. The readings reflect such usage.

As an introduction to Spanish American civilization, the book is selective in its coverage, leaving out overwhelming detail while concentrating on a vivid, imaginative, and thought-provoking portrayal of the subject. Issues and views that are of concern to the Spanish American people are related to the student's experience as an American citizen. The fundamental cultural aspects and the principal historical figures and events are presented as seen by the people, the writers, and the scholars of today. Where generalizations about Spanish America are warranted, they have been made, but as a whole the widely held monolithic view of the region has been discarded as an unrealistic simplification. Rather than introduce the student to a staggering mass of undifferentiated information, an effort has been made to present an orderly composite of distinct regions and countries, each with particular and often unique features. The illustrations on the opening page of each chapter and the pictorial sections at the beginning of each part provide a visual introduction to the topics covered in the text.

The readings should usually be assigned as homework, but it is recommended that portions of the text be read aloud in class from time to time in order to check and keep control of the student's speaking skill. Should the instructor wish to assign or cover less than an entire reading at once, each reading has been divided into sections of approximately equal length.

In addition to the texts, each chapter includes questions and suggestions for further reading. The questions, designed to check the student's comprehension or to stimulate classroom discussion, may be answered orally or in writing. The student's proficiency in the language should determine the instructor's encouragement of elaborate answers. For those desiring a more comprehensive treatment of the topics covered, the Suggested Further Readings list works written in English and English translations of works by Spanish American authors.

The preliminary exercises for the first four chapters are intended for beginners and may be omitted at the instructor's discretion. These exercises are designed to make the student aware of English-Spanish cognate patterns, word-formation patterns within Spanish, particular vocabulary items, such as false cognates and troublesome expressions, and grammatical structures not yet covered by the grammar textbook at the time the student begins to read. The ultimate purpose of these exercises is to build up vocabulary and to facilitate the understanding of the reading selections.

I wish to thank the numerous colleagues and friends who contributed to this book with their encouragement and criticism; Dwight Bolinger and Guillermo del Olmo deserve special thanks for their helpful suggestions. As a textbook-writer proud of my Spanish American background, I am particularly thankful for the opportunity to express what this region is all about in a book for North American students. And finally, I am also grateful to my wife for her generous support, critical insight, skillful typing, and effort in compiling the vocabulary.

Frederick S. Richard

FOREWORD TO THE STUDENT

Neither the possession of a vast vocabulary nor a strong command of grammar is a prerequisite for reading this book. What is required is that you, as a student, become aware of developing skills that will help you read Spanish most effectively.

As you progress in learning Spanish you will depend increasingly on reading for expanding your vocabulary. Thus, the most important skill to develop is the approach to an unknown word. Most beginners tend to decipher or "decode" one new word after another with the help of a bilingual dictionary or the vocabulary at the end of the book. But this practice is unproductive, because it makes you lose track of the reading, and you are likely to forget the meaning of a word previously looked up by the time you encounter it again. Deciphering or "decoding" also interferes with your comprehension because you end up reading single words instead of uninterrupted thought groups.

Instead of looking up an unknown word, make a habit of guessing its meaning. As an English-speaking person, you have the inherent advantage of being able to recognize a large number of Spanish words that resemble their English equivalents in appearance and meaning. Words of this kind are called cognates, and their meaning is readily apparent. Occasionally, however, cognates may be false or deceptive—the apparent meaning is incorrect. In such cases, you must learn the correct meaning. The English adjective "actual" and the Spanish *actual* are an example of deceptive cognates because the Spanish word means "present-day," not "real."

Familiarity with the derivational system of Spanish can also increase your chances of guessing correctly the meaning of new words, for if you are able to recognize common prefixes and suffixes and know what their function is, you may be able to discover that the unknown word is only a variation of a word you already know. Familiarity with word-formation patterns also helps to identify sentence structure and parts of speech, information that immediately narrows down the possible meanings of a new word. For example, if you know that the Spanish adjective *fácil* means "easy" and that *-mente* is the adverbial suffix that corresponds to the English "-ly," you may readily infer that *fácilmente* means "easily."

Another way to arrive at the meaning of a new word is by using contextual clues and by bringing into the reading your knowledge about the world. For example, let us assume that you do not know the meaning of the word *blanca* appearing in the following sentence: *La Casa Blanca, en Washington, D.C., es la residencia oficial del presidente de los Estados Unidos.* If you already know the words *casa, es,* and *Estados Unidos,* as well as the articles and prepositions, and have recognized the words *residencia, oficial,* and *presidente* as cognates, you can correctly guess that the new word *blanca* means "white" as it becomes apparent that the sentence refers to the White House in Washington, D.C.

This book has been written so that you may come to read Spanish with ease and pleasure. Where the meaning of a new word is impossible to derive, a marginal gloss on the same line will give its equivalent in English. In general, you will find that the language of the book is simple, so that in all likelihood you will find new words surrounded by an already familiar vocabulary. And since you are being encouraged to acquire the skill of intelligent guessing, the preliminary exercises in the back of this book have been designed to familiarize you with cognates and clues to grammatical forms and structures that may be difficult for a beginner. In these exercises you will also become acquainted with the meaning of common false cognates.

We believe that you will find the content of this book stimulating and rewarding, for it is aimed at developing your reading fluency and comprehension.

F. S. R.

HISPANOAMÉRICA MODERNA

1 INTRODUCCIÓN: EL DESARROLLO HISTÓRICO*

I

América es el nombre del Nuevo Mundo, *the New World,* el mundo descubierto por Cristóbal Colón en 1492. Geográficamente las tierras de América están divididas en dos continentes: la América del Norte, o Norteamérica, y la América del Sur, o Suramérica.[1] En estos dos continentes vive gente de diversas culturas, gente que habla diferentes lenguas. En algunos lugares el inglés es la lengua oficial. En otros es el español, el francés, el portugués y hasta el holandés.

y hasta el holandes: and even Dutch

Hispanoamérica es solamente una parte de América. Es donde se habla español y predomina la religión católica. En la América del Norte la república de México y las de Centroamérica son hispanoamericanas, pero no los Estados Unidos y el Canadá. Tampoco son hispanoamericanas todas las islas del Caribe. En la América del Sur las repúblicas hispanoamericanas comparten el continente con las Guayanas

compartir: to share

---

* Preliminary exercises to facilitate the understanding of this reading selection appear on page 181.

[1] Some Spanish-speaking people prefer the use of *Sudamérica* following the traditional practice of changing *sur* to *sud* when this word becomes a prefix.

y el Brasil. En total, Hispanoamérica incluye 18 repúblicas independientes y el territorio de Puerto Rico, que es una posesión de los Estados Unidos.[2]

El área de Hispanoamérica es enorme, y uno de los aspectos más fascinantes de este inmenso territorio son los contrastes. La región está llena de contrastes geográficos, humanos, económicos y sociales. En todas partes coexisten el pasado y el presente.

Hispanoamérica es la región conquistada y colonizada por España en el siglo XVI. Pero el pasado hispanoamericano es todavía más extenso porque incluye el desarrollo de civilizaciones precristianas. La historia de la región se puede dividir en tres períodos principales: (1) el período prehispánico o precolombino, (2) el período colonial y (3) el período moderno.

El período prehispánico

Este primer período de la historia de Hispanoamérica comienza en la prehistoria y termina con el descubrimiento de Colón en 1492. El mundo precolombino es misterioso y complejo porque sabemos muy poco sobre el origen de las culturas aborígenes que se desarrollan antes de la era cristiana. Probablemente el hombre aparece en nuestro hemisferio unos 25.000 años antes de Cristo; varios siglos después aprende a cultivar la tierra. Las leyendas que se refieren al origen de pueblos como el de los indios mayas revelan la importancia de la agricultura para el desarrollo de una civilización. La agricultura hace posible la creación de una vida sedentaria y el establecimiento de comunidades permanentes. Y para el hombre que comienza a cultivar la tierra, las plantas y los elementos naturales adquieren una im-

[2] The word *Hispanoamérica* (Spanish America) refers to the Spanish-speaking countries and territories of this hemisphere. It differs from the more common term *Latinoamérica* or *América Latina* (Latin America) in that it does not include every country and territory south of the United States.

portancia capital. La agricultura, entonces, también da origen a religiones primitivas. Entre los indios mayas, por ejemplo, aparecen Chac, el dios de la lluvia, y Yum Kax, el dios del maíz.

maíz: corn

5   El desarrollo de la agricultura por los mayas es notable en el primer siglo de la era cristiana, pero no todos los pueblos precolombinos aprenden a cultivar la tierra. Por eso, cuando los españoles llegan al Nuevo Mundo encuentran indios en diferentes grados 10 de desarrollo. Colón ve en las costas de Cuba indios desnudos que viven primitivamente, pero Hernán Cortés, el conquistador de México, ve en la ciudad de Tenochtitlán un mercado lleno de indios comprando y vendiendo un gran número de productos agrícolas 15 que los españoles no conocen. Los indios que Cortés encuentra en México son los aztecas. Este pueblo y el de los incas en el Perú son los más avanzados del Nuevo Mundo cuando llegan los españoles.

grado: degree

desnudo: naked

II

El período colonial, siglos XVI–XVIII

La dominación española de América comienza 20 con el descubrimiento y la conquista. Estos acontecimientos representan una transición entre el período prehispánico y el período colonial. Comenzando en 1492 los españoles toman parte en una serie de aventuras increíbles que incluyen los cuatro viajes de 25 Colón al Nuevo Mundo, la exploración de casi todo el hemisferio y la conquista de los pueblos prehispánicos. En la América del Norte la expedición de Hernán Cortés conquista a los indios aztecas en México, y la expedición de Hernando de Soto des- 30 cubre el río Misisipí. En la América del Sur la expedición de Francisco Pizarro conquista a los indios incas en el Perú, y la expedición de Francisco de Orellana descubre el río Amazonas. Cada expedición española da a conocer en Europa un nuevo espacio 35 geográfico de dimensiones colosales y contribuye a

acontecimiento: event

dar a conocer: to make known

la consolidación de un imperio enorme cuyo centro político es España. El símbolo visible del nuevo poder español en América son las ciudades que entre 1494 y 1565 aparecen en todas partes; por ejemplo, Santo Domingo y La Habana en las islas del Caribe, San Agustín en la península de la Florida, Veracruz en el Golfo de México, Guatemala y Panamá en Centroamérica, Cartagena, Lima, Sucre y Asunción en la América del Sur. Los españoles que llegan al Nuevo Mundo en el siglo XVI son extraordinariamente dinámicos y en muy poco tiempo conquistan y unifican un territorio que hoy incluye no solamente la región conocida como Hispanoamérica, sino también parte de los Estados Unidos.

cuyo: whose

La transformación del Nuevo Mundo en los siglos XVI, XVII y XVIII es radical. En el campo los españoles introducen el cultivo de nuevos productos como las bananas y otras frutas. En la literatura introducen el alfabeto y la lengua; en la música, instrumentos como la guitarra, el violín y el arpa; en la vida diaria, actividades en honor a los santos y los días solemnes de la Iglesia católica: fiestas, peregrinaciones y procesiones.

peregrinación: pilgrimage

El período colonial representa la incorporación del Nuevo Mundo a la cultura occidental y constituye la base de la sociedad hispanoamericana contemporánea. La herencia colonial está presente en muchos aspectos de la vida hispanoamericana de hoy. Por ejemplo, es muy visible en las ciudades. Los españoles introducen un nuevo estilo de arquitectura y un nuevo plan de organización urbana. Aparecen el patio y la plaza. Cada casa española tiene su patio y cada ciudad, su plaza. Son dos espacios abiertos; el primero privado y el segundo público. El patio siempre está en el interior de una casa y es un centro social para la familia y los amigos. La plaza es como un patio colectivo para todas las personas que viven en una ciudad. La plaza es el centro cívico, religioso y social de la comunidad, donde la gente se congrega para celebrar las fiestas de la Iglesia y la nación. En toda Hispanoamérica hay una serie de plazas coloniales que tienen como límite la catedral de un lado

occidental: western

herencia: heritage

de un lado: on one side

y el palacio de gobierno del otro. En las ciudades grandes las plazas son enormes, como el Zócalo de la ciudad de México y la Plaza de Armas de Lima. Durante la colonia estas dos ciudades son el centro
5 del poder español en Norte y Suramérica, respectivamente.

Uno de los aspectos más importantes del período colonial es la conversión de los indios al cristianismo. Cuando termina la conquista militar comienza la
10 conquista espiritual. Bajo la dirección de los misioneros los indios toman parte en la construcción de las iglesias y en la creación de espectáculos populares. Estas actividades tienen por objeto hacer accesible la grandeza de Dios a los indios que no saben leer ni **ni:** nor
15 escribir. Dirigidos por los misioneros los indios participan en danzas que simbolizan luchas entre cris- **lucha:** struggle, fight tianos y paganos, santos y demonios, virtudes y pecados. Los temas religiosos inspiran el desarrollo **pecado:** sin de la música, el teatro, la pintura y la escultura
20 coloniales. Y en los altares de las nuevas iglesias aparecen imágenes religiosas que adquieren fama de poder hacer milagros y que en algunos casos llegan **llegar a ser:** to a ser símbolos nacionales, como la Virgen de Guada- become lupe en México o la Virgen del Cobre en Cuba. En
25 honor a la Virgen de Guadalupe, los mexicanos hacen una gran fiesta cada 12 de diciembre. Fiestas como éstas y las procesiones que todavía se celebran anualmente en algunas ciudades hispanoamericanas revelan el sentido ceremonial y colectivo del catolicismo **sentido:** sense
30 hispanoamericano, producto de una combinación de dos espíritus religiosos, el indio y el español.

III

La independencia marca el final del período **final:** ending colonial. Con la excepción de la isla de Cuba, las colonias españolas de América obtienen su indepen-
35 dencia política de España entre 1810 y 1824. La independencia representa la victoria de los criollos en rebelión contra los peninsulares. Es una lucha entre

los grupos de población blanca que existen durante la colonia. En la historia de Hispanoamérica la palabra "criollo", que literalmente quiere decir *Creole*, se usa para referirse a los blancos nacidos en América, en oposición a los "peninsulares", que son los blancos nacidos en España. Inspirados por la Revolución Norteamericana de 1776 y la Revolución Francesa de 1789, los criollos deciden luchar contra la dominación política y económica de España representada por los peninsulares. Los héroes de los criollos son los grandes hombres que en las colonias inglesas y en Francia desafían el poder de las monarquías. Los criollos admiran a hombres como George Washington y el filósofo francés Jean-Jacques Rousseau, quien en su libro *El contrato social* presenta un nuevo modelo de gobierno basado en la voluntad general del pueblo.

nacido: born

desafiar: to challenge

voluntad: will

El movimiento por la independencia de las colonias españolas de América termina después de una serie de guerras que ocurren en México y la América del Sur. En 1824, la batalla decisiva de Ayacucho, cerca de Lima, marca el final de la lucha. Los principales héroes de la independencia son Simón Bolívar, José de San Martín y el cura Miguel Hidalgo y Costilla. Bolívar y San Martín luchan en la América del Sur. Hidalgo es el organizador del primer ejército que lucha contra las autoridades españolas en México. En su declaración de guerra Hidalgo proclama: "¡Viva Nuestra Señora de Guadalupe y muera el mal gobierno!" *Long live Our Lady of Guadalupe and down with bad government!*

guerra: war

cura: priest

El período moderno

Este período se refiere al desarrollo de Hispanoamérica después de la independencia. El resultado inmediato de este acontecimiento es la fragmentación política de la región en una serie de repúblicas. Es una reacción contra el centralismo y la monarquía, las formas del gobierno de España. En Hispanoamérica el nuevo nacionalismo local destruye la unidad colonial. Esta es una situación que no se presenta en los Estados Unidos, porque cuando este territorio se declara independiente de Inglaterra, la unidad colonial se transforma en un sistema federal y las 13 colonias no se separan para formar cada una de ellas una república independiente.

En los Estados Unidos el siglo XIX es un siglo de expansión y consolidación nacional, pero en Hispanoamérica es un siglo de luchas y conflictos locales que impiden el desarrollo de cada nación. Frecuentemente se dice que las nuevas repúblicas hispanoamericanas se forman sin estar preparadas para gobernarse a sí mismas, y el caos político que existe en las primeras décadas de vida independiente demuestra la verdad de esta afirmación. Hoy todas las naciones hispanoamericanas están madurando políticamente, aunque los gobiernos democráticos son una excepción en la región. En general, el gran problema de la sociedad hispanoamericana contemporánea continúa siendo el de la transformación política, social y económica. Hay naciones que todavía tienen una estructura comparable a la de Europa en los tiempos del feudalismo, aunque cada día es más evidente el crecimiento urbano e industrial, especialmente en las capitales de cada república.

Los hispanoamericanos aspiran a ser considerados como una sociedad moderna y progresista. En cada nación se trabaja vigorosamente para crear símbolos visibles de progreso: edificios ultramodernos y plantas industriales, por ejemplo. Pero este progreso material no siempre aparece como compañero de la transformación social, económica y política de un estado feudal a un estado moderno. En algunos casos esta transformación está ocurriendo como una revolución absoluta, y no como una evolución natural. Con respecto a este tema el escritor mexicano Octavio Paz declara que en Hispanoamérica "la Revolución no es consecuencia del desarrollo", sino "una vía hacia el desarrollo". En otras palabras, este escritor hace una distinción entre revolución como un concepto clásico y revolución como una realidad con-

gobernarse a sí mismo: to govern oneself

madurar: to mature

crecimiento: growth
e: y (used before words beginning with the sound "i")

vía: way

temporánea. En la Europa del siglo XIX muchos pensaban que la revolución iba a ocurrir como resultado de las tensiones creadas por el desarrollo excesivo; en la Hispanoamérica del siglo XX la revolución está ocurriendo como resultado de las tensiones creadas por un desarrollo insuficiente.

Las revoluciones hispanoamericanas de más transcendencia son la mexicana y la cubana. Y el concepto "revolución", aplicado a naciones como México y Cuba, se refiere al establecimiento de un proceso que usa el poder para imponer rápida y arbitrariamente reformas radicales que afectan profundamente a toda la población. En las naciones menos desarrolladas de la región los líderes revolucionarios creen en la revolución como la única solución para modernizar estas naciones. Y donde las instituciones y las estructuras tradicionales no se han transformado, o se están transformando muy despacio, la presión de las fuerzas revolucionarias es muy fuerte.

pensaban: (imperfect of pensar) thought
iba: (imperfect of ser) was going

único: only

han transformado: (present perfect of transformar) have transformed
presión: pressure

Derecha, arriba: Plaza de las Tres Culturas, ciudad de México. Las tres culturas están representadas por edificios modernos, una iglesia colonial y las ruinas de un centro ceremonial azteca. *Derecha, abajo:* Hernán Cortés, conquistador de los aztecas.

PARTE PRIMERA

MÉXICO Y CENTRO-AMÉRICA

Arriba: guerreros aztecas atacando a las fuerzas españolas refugiadas en su cuartel. Dibujo del siglo XVI. *Abajo:* volcán mexicano en erupción.

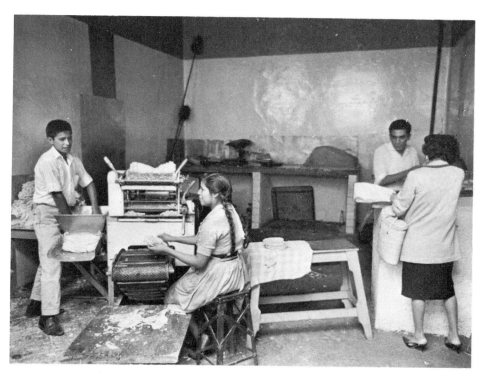

Interior de una tortillería, donde las tortillas se hacen a máquina y se venden calientes.

Arriba: Tegucigalpa, la capital de Honduras. *Abajo:* un domingo en Chapultepec, famoso parque de la ciudad de México.

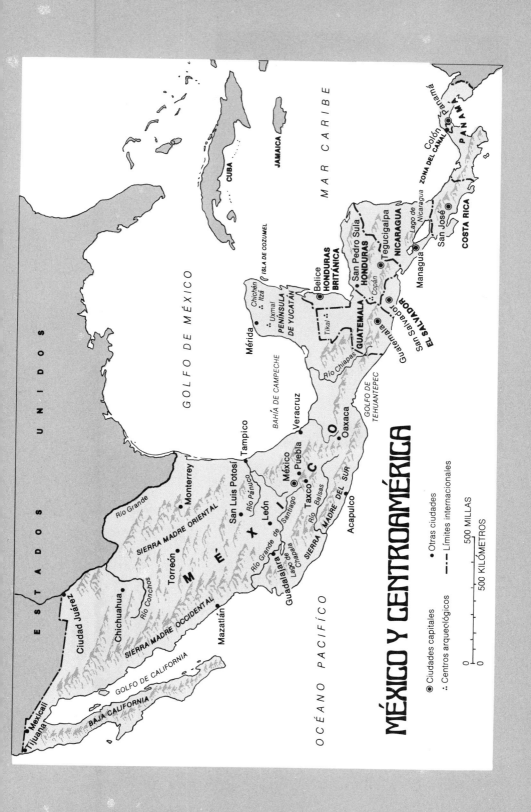

MÉXICO Y CENTROAMÉRICA

◉ Ciudades capitales   ● Otras ciudades
⋮ Centros arqueológicos   --- Límites internacionales

500 MILLAS
500 KILÓMETROS

ESTADOS UNIDOS

OCÉANO PACÍFICO

GOLFO DE MÉXICO

MAR CARIBE

CUBA

JAMAICA

ISLA DE COZUMEL

PENÍNSULA DE YUCATÁN

BAHÍA DE CAMPECHE

GOLFO DE CALIFORNIA

BAJA CALIFORNIA

SIERRA MADRE OCCIDENTAL

SIERRA MADRE ORIENTAL

SIERRA MADRE DEL SUR

GOLFO DE TEHUANTEPEC

Río Grande
Río Conchos
Río Grande de Santiago
Lago de Chapala
Río Balsas
Río Pánuco
Río Chiapas

Tijuana
Mexicali
Ciudad Juárez
Chichuahua
Torreón
Mazatlán
Monterrey
San Luis Potosí
León
Guadalajara
Acapulco
México
Puebla
Taxco
Oaxaca
Veracruz
Tampico
Mérida
Chichén Itzá
Uxmal
Tikal
Copán
Belice
San Pedro Sula
Tegucigalpa
San Salvador
Managua
San José
Colón
Panamá

HONDURAS BRITÁNICA
GUATEMALA
HONDURAS
EL SALVADOR
NICARAGUA
COSTA RICA
PANAMÁ
ZONA DEL CANAL

Guatemala
San Salvador
Lago de Nicaragua
Nicaragua

Arriba: ruinas de un templo maya, Tikal, Guatemala. *Derecha:* pectoral azteca, de oro.

Mercado de Managua, la capital de Nicaragua.

2

LA REPÚBLICA DE MÉXICO*

I

Desde cualquier parte de los Estados Unidos es fácil ir a México, y es la república de Hispanoamérica más visitada por los norteamericanos.[1] Van de vacaciones o de compras; a estudiar español o arqueología; a veces, a trabajar. Para algunos norteamericanos los puertos del Pacífico como Acapulco o Mazatlán son lugares favoritos. Otros prefieren las ciudades coloniales del interior como Taxco o Guanajuato, o los centros arqueológicos del sur como Uxmal o Chichén Itzá. Las relaciones entre las dos repúblicas son cordiales, aunque México todavía recuerda que, como resultado de la guerra con los

desde cualquier: from any

a veces: sometimes

*Preliminary exercises to facilitate the understanding of this reading selection appear on page 187.
[1] The adjective *norteamericano* literally means "North American," but in writing it is frequently used by Spanish-speaking people as an adjective referring to the United States exclusively. Thus, *norteamericano* means "American, of or relating to the United States." Although in spoken Spanish the adjective *americano* is commonly used in this sense, in written Spanish the use of *norteamericano* is favored because the noun *América* is never synonymous with "United States," but refers to the entire continent. For this reason a Spanish-speaking person from south of the United States considers himself just as American as a person from this country.

Monumento a la Revolución, ciudad de México, durante las fiestas de la independencia.

Estados Unidos, perdió en 1848 una parte considerable de su territorio, los actuales estados norteamericanos de California, Nevada, Utah, Nuevo México, Arizona, Texas y parte de Colorado. Comparado con
5 los Estados Unidos, el actual territorio mexicano es unas cuatro veces más pequeño.

    México es una de las principales repúblicas de Hispanoamérica. La ciudad capital, que también se llama México, es un gran centro metropolitano, como
10 Nueva York o Los Ángeles. Pero la capital mexicana no está en la costa, está entre montañas y volcanes, a una elevación de 7.500 pies. Y para conocer la historia de la república (la versión nacionalista de la historia mexicana) no hay nada como una visita a la
15 capital. La historia está presente en los murales de los edificios públicos, en las estatuas y monumentos de los parques y las avenidas y en las exhibiciones de los museos. La ciudad es cada día más grande y más moderna. Pero siempre recuerda el pasado. Inmortali-
20 zados en los fantásticos murales y las estatuas, los grandes héroes de la nación contemplan un problema que nunca imaginaron: la congestión del tráfico. Como en todas las grandes ciudades, es imposible controlar la circulación de automóviles.

25   Desde las oficinas del Palacio Nacional, el presidente de la república, como autoridad suprema de la política mexicana, dirige el desarrollo moderno de una nación dinámica donde vive una cuarta parte de la población de Hispanoamérica, casi 50 millones de
30 personas. El respeto que los mexicanos le tienen al presidente es similar al respeto que los súbditos de una monarquía le tienen al rey. Los mexicanos no dicen "el presidente"; dicen "el señor presidente", que es como decir "vuestra majestad", *your majesty*.

35   Cada seis años los mexicanos eligen un nuevo presidente. La constitución no permite la reelección, como en los Estados Unidos. Durante la campaña política las calles y avenidas están llenas de propaganda, y el candidato presidencial visita todos los
40 lugares de la república. La campaña es intensa y los mexicanos participan activamente. Sin embargo, en

perdió: (preterit of **perder**) lost
actual: present-day

imaginaron: (preterit of **imaginar**) imagined

cuarta parte: ¼

rey: king

MÉXICO

Nombre oficial: Estados Unidos Mexicanos
Área en millas²: 760.375
Población total

        1969:   48.993.000
ᵴ   1980 (estimada):   72.392.000
        Crecimiento anual: 3,5%
        Grupo étnico predominante: mestizo
Analfabetismo: 23%
Nombre y adjetivo de nacionalidad: mexicano, -a
10 Ciudad capital: México
Población capitalina (área metropolitana):   8.541.700
Principal producto de exportación: algodón
Principales compradores: Estados Unidos, Japón

México no hay oposición. Solamente hay un candidato efectivo. Para los norteamericanos votar es el derecho de seleccionar un candidato. Los mexicanos también votan, pero no seleccionan. Todo el mundo sabe que el futuro presidente es el candidato del PRI. El PRI (Partido Revolucionario Institucional o *Institutional Revolutionary Party*) domina la política de México. Es el único partido que tiene poder. La existencia de otros partidos es marginal. Para describir esta situación en inglés se dice que México es *a one-party democracy*, expresión contradictoria para las personas que tienen un concepto puro y clásico de la palabra "democracia".

En la política, como en muchos otros aspectos de la vida, México es contradictorio. Esta nación absorbe todas las tendencias e incorpora en su vida la fusión de elementos que en otras partes del mundo están en oposición. Por esta característica México es una república singular y difícil de comprender. Los propios mexicanos dicen que "como México, no hay dos"; en otras palabras, no hay otra república como México.

los propios mexicanos: Mexicans themselves

II

La historia de México es una historia de violencia. En los tiempos prehispánicos hay una serie de guerras entre diversos pueblos de indios; después viene la conquista y tres siglos más tarde la lucha por la independencia. Como república independiente México lucha contra los Estados Unidos y contra Francia en el siglo XIX. La Revolución Mexicana, el proceso social, político y económico, que transforma a México desde 1920, comienza con una guerra civil que se desarrolla en la segunda década de este siglo. Este último acontecimiento es el de mayor influencia en la modernización de la nación.

Durante los últimos doscientos años de la época prehispánica los aztecas son el pueblo mas poderoso

desde: since

de México, el pueblo supremo en una región de constantes luchas entre diversas tribus. En 1325 los aztecas fundan Tenochtitlán, la actual ciudad de México, y este acontecimiento marca el comienzo de la superioridad azteca. Los aztecas son un pueblo fundamentalmente guerrero. Y para ellos la guerra tiene una doble función: política y religiosa. Los gobernantes demandan la expansión de sus dominios y los dioses el sacrificio de los prisioneros de guerra. Progresivamente las fuerzas aztecas conquistan a los pueblos vecinos y forman un imperio que se extiende hacia el Pacífico, hacia el Golfo y hacia Centroamérica en el sur. En 1487 se celebran en Tenochtitlán los grandes triunfos imperiales con la dedicación del templo-pirámide en honor a Huitzilopóchtli, el dios de la guerra. La ceremonia incluye el sacrificio de 20.000 víctimas: prisioneros capturados en los numerosos encuentros de las fuerzas aztecas con las fuerzas de los pueblos vecinos.

Así es cómo los aztecas demuestran una habilidad diplomática y militar superior a la de los pueblos vecinos, pero no superior a la del invasor extranjero. La superioridad de los aztecas termina cuando los españoles, bajo el mando de Hernán Cortés, toman Tenochtitlán y la ciudad cae en 1521, después de varios meses de lucha. Hoy en todo México hay monumentos a Cuauhtémoc, el último emperador de los aztecas, pero no hay un solo monumento a Hernán Cortés, el conquistador español. Cuauhtémoc representa el sacrificio del pueblo mexicano en la defensa de sus derechos nacionales; Hernán Cortés representa la crueldad de la agresión y la dominación extranjera.

Durante el período colonial, los españoles llaman a México la Nueva España. Sobre las ruinas de Tenochtitlán, los españoles construyen una nueva ciudad que llega a ser el centro del poder español en la América del Norte. En México, como en el resto del Nuevo Mundo, los españoles unifican las tierras conquistadas imponiendo una nueva autoridad (la del rey de España), una nueva lengua (el español)

extranjero: foreign

mando: command

un solo: a single

y una nueva religión (la católica). Símbolo del nuevo orden es la Catedral de México que los españoles construyen sobre las ruinas de la pirámide de Huitzilopóchtli. La dominación española de México termina en 1821, después de una larga lucha contra las fuerzas españolas.

La organización política, social y económica del México de hoy es una síntesis de ideas socialistas y capitalistas; de costumbres prehispánicas y tradiciones españolas. La población actual de la república es predominantemente mestiza, resultado de la unión de indios y españoles. La arquitectura de la Plaza de las Tres Culturas es un símbolo que representa esta composición racial y los tres períodos históricos de la nación: el prehispánico, el colonial y el moderno; en otras palabras, el período de los indios, el de los españoles y el de los mestizos, que es el actual.

III

El México de hoy es el México de la Revolución. La Revolución Mexicana comienza en noviembre de 1910, como una rebelión popular que demanda reformas políticas y sociales. Al principio, no hay una gran lucha, pero pocos meses después aparecen en toda la república diferentes grupos armados, y estalla una violenta guerra civil que termina con la promulgación de una nueva constitución en 1917. Este documento representa la victoria de los revolucionarios y el primer paso para la reconstrucción de la nación, después de varios años de violencia, anarquía, intriga política y terror. Desde 1920 la república de México ha vivido dedicada a los principios de la constitución de 1917. Estos principios inspiran las actividades y los proyectos del gobierno. Entre el México prerrevolucionario y el México de hoy hay grandes diferencias. Las nuevas instituciones revolucionarias garantizan la estabilidad política, el desarrollo económico y el progreso general de la nación.

al principio: at first; in the beginning
estallar: to break out

garantizar: to guarantee

En el arte y en la literatura también hay grandes contrastes entre el México de los siglos pasados y el México de hoy. El arte popular y didáctico de los murales refleja el espíritu revolucionario: "México para los mexicanos", una actitud nacionalista en la que el indio representa el bien y los conquistadores el mal. Hoy, uno de los pintores mexicanos más famosos es Diego Rivera; sus murales, en el Palacio Nacional, presentan los acontecimientos principales de la historia de la república en una serie de escenas monumentales donde es fácil observar la actitud nacionalista mexicana y, especialmente, la visión marxista del pintor. Para Rivera la historia de México es una lucha de clases. La explotación económica del pueblo comienza con la conquista y termina con la victoria revolucionaria de 1917.

el bien: the good
el mal: the evil
pintor: painter

México no es solamente una nación de grandes pintores. Es también una nación de grandes escritores. Como resultado de la Revolución, el desarrollo literario de la nación incluye un movimiento muy prolífico que se conoce como "la novela de la Revolución Mexicana". Estas novelas se refieren a diferentes aspectos del proceso revolucionario, y muchas presentan una visión dramática de la lucha armada que se desarrolla en la segunda década del siglo cuando los revolucionarios luchan por el poder político. Este tipo de literatura comienza en 1915 con la publicación de *Los de abajo*, novela de Mariano Azuela. *Los de abajo* se refiere a la lucha armada de la gente del campo contra las fuerzas oficiales durante los primeros años de violencia revolucionaria.

tipo: type

Mariano Azuela es el más popular del grupo de escritores inspirados por la Revolución como un movimiento armado. Los escritores más recientes han abandonado este tema. Algunos consideran que, después de más de 50 años en el poder, la Revolución es ahora una organización burocrática que ya no representa las aspiraciones del pueblo. Y estos escritores, que ya no creen en el México revolucionario, presentan una interpretación muy personal de la realidad mexicana y los problemas nacionales.

ya no: no longer

Hoy el escritor marxista Carlos Fuentes es muy popular. Fuentes es un mexicano que denuncia la corrupción del proceso revolucionario, especialmente en la novela *La muerte de Artemio Cruz*. Fuentes ataca a la nueva clase rica creada desde la Revolución. Son ataques contra la gente práctica y materialista que pierde los principios morales, los sentimientos humanos y la conciencia social cuando tiene la oportunidad de hacer una fortuna. La figura típica de esta nueva clase de gente es Artemio Cruz, el protagonista de una novela que presenta la realidad de la sociedad mexicana contemporánea en su totalidad.

IV

México es una república predominantemente montañosa. La mitad de la población vive en la región donde está la capital. Esta región llega hasta Guadalajara, cerca del Pacífico, y hasta Veracruz, sobre el Golfo. Es la región donde la tierra es más productiva, donde están las dos ciudades más grandes de la república (México y Guadalajara) y donde las comunicaciones y la industria han alcanzado un gran desarrollo. También es la región de los volcanes, altos y monumentales. Unos más, otros menos: 14.000, 17.000, 18.000 pies. El Ixtaccíhuatl y el Popocatépetl son dos que están cerca de la capital. Ella es una princesa; él es un guerrero. Ixtaccíhuatl es la princesa que muere esperando el regreso del guerrero Popocatépetl:

> Ixtaccíhuatl—hace ya miles de años—
> fue la princesa más parecida a una flor;
> y Popocatépetl se fue a la guerra,
> y contra cientos de soldados,
> por años de años, combatió.

Después de muchos años Popocatépetl regresa, y la leyenda termina diciendo que él lleva el cuerpo de

mitad: ½

alcanzar: to reach

hace . . . años:
thousands of years ago
fue: (preterit of ser) was
flor: flower
se fue: (preterit of irse) left
años de años: years and years
cuerpo: body

Ixtaccíhuatl a la cima del volcán y se queda para siempre al lado de ella.

En general, las tierras de México no sólo son montañosas y altas. Son áridas, también, y por eso solamente en muy pocos lugares las condiciones son favorables para la agricultura. Las tierras productivas casi no se conocen; sin embargo, en toda la república hay gente que trabaja en el campo. El maíz es el producto principal de la agricultura mexicana. Para hacer tortillas se necesita maíz, y las tortillas son el pan del mexicano. En la actualidad el gran problema de la nación es la insuficiencia de recursos naturales para una población que cada día es más grande. La población aumenta rápidamente, pero no la extensión de las tierras productivas, aunque cada año el gobierno inaugura proyectos de irrigación para combatir la aridez, especialmente en el norte de la república que es donde las tierras son más áridas. "Miles de campesinos —dice Octavio Paz— viven en condiciones de gran miseria y otros miles no tienen más remedio que emigrar a los Estados Unidos, cada año, como trabajadores temporales".

Y México es una nación pobre, no en tierras solamente, sino también en minerales, aunque el carbón mineral y otros productos hacen posible una ciudad industrial como Monterrey en el norte de la república, cerca de los Estados Unidos. En Monterrey hay grandes instalaciones industriales, pero el carbón mineral mexicano que usan las industrias de Monterrey es de mala calidad e insuficiente.

En una república donde las tierras generalmente no son favorables para la agricultura y los minerales son insuficientes, los mexicanos han decidido explotar las atracciones naturales de la nación y la herencia prehispánica y española. El turismo constituye un aspecto importante de la economía nacional, y la proximidad geográfica con los Estados Unidos favorece el desarrollo de esta industria. Uno de los lugares favoritos para la gente que va de vacaciones a México es Acapulco, centro turístico que se distingue por sus playas espléndidas y sus hoteles

cima: summit

pan: bread
recurso: resource

aumentar: to increase

no . . . que: have no other choice except

carbón mineral: coal

calidad: quality

playa: beach

1) migrant, temporary

EL NAHUATL

"Popocatépetl" e "Ixtaccíhuatl" son nombres de origen nahuatl, la lengua de los indios aztecas. La influencia de esta lengua en el español y en el inglés aparece en nombres que
5 se refieren a productos, plantas y animales desconocidos por los españoles antes de su llegada al Nuevo Mundo.

desconocido: unknown

Nahuatl	Español	Inglés
xocoatl	chocolate	chocolate
10 tomatl	tomate	tomato
ahuscatl	aguacate	avocado
coyotl	coyote	coyote
ocelotl	ocelote	ocelot
chictli	chicle	chicle

15 El nahuatl escrito se pronuncia como el español, con la excepción de la letra "x" que se pronuncia como una "sh" en inglés.

elegantes y modernos. Entre enero y abril Acapulco está lleno de turistas canadienses, norteamericanos y centroamericanos. Este puerto del Pacífico ahora no representa, como en los tiempos coloniales, parte de una larga ruta marítima para llegar a Asia.

Durante la colonia gran parte del comercio entre el Oriente y España ocurría vía México. La influencia del Oriente todavía vive en los días de fiesta nacional, cuando las muchachas mexicanas salen a la calle con el traje de "la china poblana", *the Chinese woman from Puebla.* Se dice que este traje es una imitación de los trajes usados por una princesa china que llega a Acapulco en el siglo XVII como prisionera de una banda de piratas. Esta princesa vive en Puebla muchos años, y por eso adquiere el nombre de "la china poblana".

ocurría: (imperfect of ocurrir) took place

traje: dress, costume

3

LA TRANSFORMACIÓN AGRARIA*

I

Antes de la llegada de los españoles, el cultivo de las tierras es una actividad comunal entre los indios de México y de otros lugares del Nuevo Mundo. El concepto de la propiedad individual es importado por los españoles, y el establecimiento de las haciendas ocurre como parte de la colonización.

propiedad: property, ownership

En el siglo XVI la monarquía española establece en el campo la institución de "la encomienda". Esta palabra se deriva del verbo encomendar, *to entrust,* y es un nombre muy apropiado. La encomienda viene a ser el instrumento legal por el cual la monarquía hace una distribución de indios entre españoles que considera capaces de cuidar a los indios. Cada español recibe un numero específico de indios, y se establecen obligaciones mutuas. La obligación de

por el cual: by which

capaz: capable

* Preliminary exercises to facilitate the understanding of this reading selection appear on page 193.

Detalle de un mural de Diego Rivera representando campesinos oprimidos.

los españoles es educar y proteger a los indios; la
obligación de los indios es trabajar para los españoles.
En teoría la encomienda tiene por objeto proteger a
los indios de la codicia de los españoles, pero en la
5 práctica ocurre lo contrario. Aunque la encomienda
no da el derecho a la posesión de la tierra, los en-
comenderos españoles deciden que esta tierra es de
ellos e ilegalmente llegan a ser dueños. De esta
manera grandes extensiones de tierra pasan a ser
10 propiedad de pocas personas. En otras palabras,
desaparece el sistema de la propiedad comunal y
aparecen las haciendas y los hacendados.[1]

El resultado práctico de la encomienda es la
causa principal de un desequilibrio social y econó-
15 mico que hoy existe en la población de numerosas
repúblicas hispanoamericanas donde la agricultura
es una actividad económica importante. En estas
repúblicas una gran mayoría de campesinos[2] viven
en las haciendas trabajando para los hacendados.
20 Estos campesinos no poseen tierra; trabajan la tierra
que no es de ellos. El contraste entre los hacendados
y los campesinos es muy marcado. Los hacendados
forman una poderosa clase alta que domina la vida
política y económica; los campesinos forman una
25 clase baja que vive en la ignorancia y la miseria,
trabajando para beneficio de la pequeña clase rica.
Cuando se dice que la estructura del campo hispanoamericano es "feudal" o "colonial", se está hablando
de repúblicas donde las tierras productivas están
30 bajo el control de un pequeño número de familias
locales, de una o dos compañías extranjeras, o de la
Iglesia católica. Entre el siglo XVI y el presente estos
tres grupos han controlado enormes extensiones de
tierra.
35 La transformación del sistema de la tenencia

codicia: greed

dueño: owner

tenencia de la tierra:
land ownership

---

[1] *Hacendado* refers to a property-owner, in particular, the
owner of an *hacienda* (a large farm or estate). *Hacendados*
have traditionally been strikingly wealthy and powerful
landowners.

[2] *Campesino* is a derivative of *campo* and refers to the person
who works and lives in the fields. *Campesinos* are laborers as
opposed to farmers.

de la tierra constituye uno de los principales aspectos de la modernización de Hispanoamérica. En todas las repúblicas existen organizaciones oficiales dedicadas a mejorar las condiciones de vida en el campo y en la actualidad se habla mucho de reforma agraria. Este concepto se refiere a la redistribución de la tierra como un proceso para corregir el desequilibrio económico y social existente.

II

México representa cronológicamente el primer ejemplo de reforma agraria en Hispanoamérica. Este proceso, llevado a cabo por la Revolución, tiene su origen en la rebelión de 1910. Como parte de esta rebelión los campesinos se organizan para luchar contra los pocos pero poderosos hacendados que controlan la agricultura nacional. Alrededor de un 90 por ciento de la gente del campo no posee tierras. Muchos campesinos quieren legalizar al sistema de la propiedad comunal prevalente antes de la conquista. Quieren la tierra para la comunidad y no para una sola persona. La expresión "tierra y libertad" es el grito de batalla de los campesinos. En el norte de la república, cerca del estado norteamericano de Texas, los campesinos luchan bajo el mando de Pancho Villa; en el sur, cerca de la ciudad de México, bajo el mando de Emiliano Zapata. Villa es un hombre brutal; Zapata es un hombre idealista. Los dos líderes luchan por mejorar las condiciones de la gente del campo y hoy son los héroes contemporáneos del pueblo mexicano, especialmente de los campesinos.

En el México de hoy no hay grandes haciendas ni hacendados poderosos. La reforma agraria ha destruido este sistema de la tenencia de la tierra dividiendo las grandes haciendas en pequeñas parcelas. Éstas han sido asignadas por el gobierno a

llevar a cabo: to carry out

alrededor de: about
por ciento: percent

grito de batalla: battle cry

los campesinos, quienes trabajan la tierra individual o colectivamente. La reforma agraria garantiza el derecho de los campesinos a trabajar la tierra para su propio beneficio, y no para beneficio de otras personas. El artículo 27 de la Constitución de 1917 declara que los recursos naturales son propiedad de la nación y, en el caso de las tierras, éstas han sido asignadas en usufructo. Los mexicanos interpretan la reforma agraria como un acto de justicia. Consideran que la reforma agraria representa la devolución de las tierras al origen de la nación; en otras palabras, al campesino. Étnicamente este campesino desciende del indio quien en la historia de la república aparece como el primer habitante con derecho a explotar las tierras.

devolucion: restitution

En toda Hispanoamérica la reforma agraria es un tema controversial y de actualidad, especialmente en las repúblicas donde un gran número de gente continúa viviendo en condiciones miserables. Aunque los resultados de la reforma agraria mexicana no han sido completamente satisfactorios, algunos economistas y sociólogos consideran que la implementación de una reforma agraria puede servir para corregir el desequilibrio social y económico que hoy es claramente visible en las repúblicas donde la tierra continúa controlada por una minoría privilegiada. Pero estos expertos también saben que la oposición de los hacendados es fuerte y que la aplicación de una reforma agraria presenta grandes problemas técnicos y de organización. La simple división de tierras no promete automáticamente una distribución más uniforme entre la población de los beneficios económicos que produce la explotación de tierras. El campesino necesita ayuda técnica, un mercado favorable para su producto y tierra buena y suficiente. Entre los partidarios y los adversarios de la reforma agraria se discute si el rendimiento de la tierra es mayor bajo un sistema de grandes haciendas o bajo un sistema de parcelas pequeñas. También se discute cuál de estos dos sistemas es más favorable para la mecanización de la agricultura y la introducción de métodos

ayuda: help, assistance
partidario: supporter
rendimiento: yield

1) relevant

modernos de producción y distribución en gran escala. Muchos creen que la solución más favorable es el establecimiento de cooperativas agrícolas entre los campesinos.

LOS HOMBRES DE MAÍZ*

I

La península de Yucatán en el sur de México es una región baja donde hace mucho calor. En estas tierras tropicales hay un árbol que produce una sustancia líquida que es el ingrediente principal de un artículo muy popular. Este artículo comúnmente se conoce por el nombre "chicle", que también es el nombre de la sustancia que producen los árboles. En su estado natural el chicle no tiene sabor. Las compañías que lo preparan comercialmente le ponen el azúcar y los sabores. Estas compañías importan el chicle de Yucatán en grandes cantidades.

Además de su importancia comercial como región productora de chicle, la península de Yucatán es de gran interés histórico y turístico. Cerca de los árboles de chicle están las ruinas de otra de las grandes civilizaciones de la América prehispánica. La península de Yucatán y la vecina región de Centroamérica son el lugar donde se desarrolla la civilización de los indios mayas en los primeros diez siglos de nuestra era. Podemos decir que esta civilización,

sabor: flavor

---

* Preliminary exercises to facilitate the understanding of this reading selection appear on page 197.

Relieve maya del dios del maíz.

35

> olvidada por cientos de años, fue rediscubierta en el siglo XIX por un visitante de los Estados Unidos.

John Lloyd Stephens, diplomático norteamericano, llega a Centroamérica en 1839, en una misión
5 especial del presidente Martin Van Buren. Dos años más tarde, Stephens publica en Nueva York un libro fascinante: *Incidents of Travel in Central America, Chiapas and Yucatan.* En este libro Stephens da a conocer el resultado de las expediciones que hace a
10 las selvas del norte de Centroamérica y de Yucatán. Para Stephens la exploración de ciudades abandonadas es más interesante que el servicio diplomático, y gracias a él, comienza la investigación moderna de la civilización maya.

selva: jungle

15 Stephens es un hombre de gran imaginación que se da cuenta de la importancia de los mayas en los tiempos precolombinos. Uno de sus planes es transportar a Nueva York las ruinas de una de las ciudades que visita:

darse cuenta: to
realize

20 The morning after Mr. Catherwood returned, I called upon the only one of the Payes brothers then in Guatemala, and opened a negotiation for the purchase of these ruins. Besides their entire newness and immense interest as an un-
25 explored field of antiquarian research, the monuments were but about a mile from the river, the ground was level to the bank, and the river from that place was navigable; the city might be transported bodily and set up in New
30 York.

> Los planes de Stephens no se hacen realidad por una serie de dificultades entre él y los dueños de la tierra donde están las ruinas. En todo caso, su libro adquiere mucha popularidad entre antropólogos y
35 arqueólogos franceses, ingleses y norteamericanos. Las grandes universidades de Europa y los Estados Unidos comienzan a hacer estudios sobre la civilización maya. En la actualidad, la Universidad de Pennsylvania realiza proyectos de excavación y
40 restauración en las ruinas de Tikal en Guatemala.

en todo caso: in any
event

realizar: to carry out

Para los arqueólogos y los antropólogos la civilización maya es un misterio. Ha sido imposible determinar su origen y las causas de su desaparición. En general no conocemos el origen del hombre americano, es decir, del indio. Existen diversas teorías, unas más serias que otras. Los expertos consideran como más probable la teoría que dice que el hombre emigra de Asia en tiempos prehistóricos, cruzando el estrecho de Bering entre Alaska y la Unión Soviética. Estos 10 emigrantes llegan a México y Centroamérica unos 10.000 años antes de Cristo y constituyen tribus nómadas de cazadores de elefantes hoy extintos. Después de varios miles de años algunas tribus aprenden a cultivar plantas como el maíz y estos 15 conocimientos hacen posible la formación de pequeñas comunidades permanentes. Este es el momento en que la posesión de la tierra y la observación de los fenómenos naturales adquieren importancia para el indio. "El maíz —como dice el escritor colombiano Germán Arciniegas— fija en una comarca a la 20 tribu y la lleva a ser el principio de una nación, de un imperio".

El cultivo del maíz es la base de la civilización maya. La necesidad de producir maíz en cantidades suficientes lleva a estos indios a la creación de una 25 religión, al desarrollo de las ciencias y a la construcción de grandes templos, palacios, observatorios y monumentos. Hoy en día, ruinas como las de Copán en la república de Honduras, las de Tikal en la república de Guatemala o las de Chichén Itzá en 30 Yucatán son el testimonio de un pueblo de admirables arquitectos, ingenieros, artistas, escultores, astrónomos y matemáticos. Hay que considerar que los indios construyen monumentales edificios sin conocer la rueda y que tallan grandes esculturas de piedra sin 35 conocer los instrumentos de hierro. Hay que considerar también que sin conocer los telescopios, los indios llegan a elaborar un calendario exacto, como resultado de la observación meticulosa y prolongada de los fenómenos naturales y de los cuerpos 40 celestes.

es decir: that is to say
que: than (when used in comparative constructions)

cazador: hunter

comarca: region
principio: beginning, origin

hoy en día: nowadays

rueda: wheel
tallar: to carve
piedra: stone
hierro: iron

LOS NÚMEROS MAYAS

El sistema numérico de los mayas incluye el concepto del cero y se puede escribir usando solamente tres símbolos: ⬤ , • y ▬ . El primer símbolo es la representación del cero. El punto (•) y la raya (▬) tienen diferentes valores. Cuando estos símbolos aparecen formando números inferiores al 20, cada punto equivale a 1 (• = 1) y cada raya equivale a 5 (▬ = 5). Del 1 al 19, los números mayas se representan así:

• = 1	▬•• = 7	13
•• = 2	▬••• = 8	14
••• = 3	▬•••• = 9	15
•••• = 4	▬▬ = 10	16
▬ = 5	▬▬• = 11	17
▬• = 6	▬▬•• = 12	18
		19

II

La desaparición de la civilización maya es anterior a la llegada de los españoles. Los arqueólogos sólo han descubierto que los mayas abandonan sus ciudades en el siglo X, y han formulado diversas teorías para explicar este misterio. Unas interpretaciones tienen mayor aceptación que otras. Sin embargo, las investigaciones y las excavaciones del futuro pueden destruir todas las interpretaciones del presente. Solamente podemos estar seguros del poder del maíz. El maíz es el origen del hombre de acuerdo con el *Popol Vuh*, libro donde aparecen algunas leyendas de la mitología maya.

de acuerdo con:
according to

Los Progenitores, Tepeu y Gucumatz entraron en pláticas acerca de la creación y la formación

entraron . . . acerca de:
discussed

de nuestra primera madre y padre. De maíz amarillo y de maíz blanco hacen la carne del hombre; sus brazos y sus piernas.

En México y Centroamérica el indio contempo-
5 ráneo ha cambiado poco. Trabaja rudimentariamente cultivando maíz en las laderas de las montañas. Su naturaleza religiosa continúa vinculada a las cosas del campo. Los indios guatemaltecos, por ejemplo, todavía se comunican en su lengua prehispánica.
10 Adoran a sus dioses y también a Cristo, la Virgen María y los santos de la Iglesia. Es cierto que la religión prehispánica ha desaparecido, pero la religión actual es una combinación de elementos paganos con elementos cristianos. El indio vive bajo la influencia
15 de días favorables y días desfavorables, dominado por una especie de animismo y por numerosos poderes sobrenaturales. Para él, las irregularidades geográficas tienen formas humanas y en muchas montañas viven dioses de su mitología prehispánica:

20 —Dios mío, que mi maíz no desaparezca. Padre Paxil, que haya aguaceros para tus pies y que envíes tiempo seco para tus manos.[1] . . . Ahora, Dios, ahora, señor Santiago,[2] ahora, padre Paxil, te pedimos . . . nuestra comida y nuestra bebida.

25 La incorporación del indio a la cultura occidental es en la actualidad uno de los mayores problemas en las repúblicas donde la población indígena sigue siendo extensa. Esta situación existe en Guatemala y también en las repúblicas suramericanas de Ecuador,
30 Perú y Bolivia. En todos estos lugares la población es predominantemente indígena en las zonas rurales y predominantemente mestiza en las zonas urbanas. El blanco no predomina numéricamente, pero tradicionalmente ha controlado la economía y la política
35 de estas repúblicas.

amarillo: yellow
la carne . . . piernas:
the flesh of man; his arms and legs

ladera: slope
vinculada: tied

aguacero: downpour, heavy rain

[1] "My God, do not let my corn disappear. Father Paxil, let there be heavy rains for your feet and give us dry weather for your hands." Padre Paxil is a corn deity in the highlands of western Guatemala. In this prayer the feet and the hands of the deity refer metaphorically to the roots and ears of the corn plant.
[2] Saint James, patron saint of an Indian village in Guatemala.

5

LAS REPÚBLICAS DE CENTRO-AMÉRICA

I

Para el poeta chileno Pablo Neruda, Centro-américa es la cintura del Nuevo Mundo. Y Neruda crea esta imagen poética porque Centroamérica es la región más angosta, la unión entre la América del
5 Norte y la América del Sur. Geográficamente estas tierras comienzan al sur del Golfo de Tehuantepec, en México, pero políticamente comienzan en Guate-mala. En Centroamérica hay seis repúblicas hispano-americanas: Guatemala está más al norte, y Panamá
10 está más al sur. Históricamente Panamá no es parte de la región. Las seis repúblicas son pequeñas. Nicaragua, la más grande, tiene casi la misma área que el estado de Michigan. Todas tienen costas en el Océano Pacífico y en el Mar Caribe, excepto la
15 república de El Salvador que solo tiene costas en el Pacífico. Es la república más pequeña, y su nombre, *The Savior,* es ciertamente una exageración.

Centroamérica, como México, es una de las re-giones del mundo donde la población aumenta más
20 rápidamente. En 1970 la población de Centro-américa era de 15 milliones; en 1980 va a ser de 23.

cintura: waist

angosta: narrow

era: (imperfect of ser) was

El pintoresco lago de Atitlán, Guatemala.

41

El problema del crecimiento demográfico es serio porque los sectores económicos y los servicios públicos no están creciendo con la misma rapidez. No se presentan suficientes oportunidades de trabajo para absorber una población que cada día es más grande; tampoco es suficiente el número de casas, hospitales, escuelas y universidades. Este problema existe en casi todas las repúblicas de Hispanoamérica, pero en general, los hispanoamericanos no aceptan el control del crecimiento de la población como una necesidad.

"Hacer patria" es una expresión popular en Hispanoamérica. Literalmente esta expresión quiere decir *to forge the homeland,* pero en la práctica muchos toman este concepto como una invitación a la procreación, acto que para muchos hispanoamericanos es una obligación patriótica. Para ellos el poder de una nación corresponde directamente a su número de habitantes. En otras palabras, la nación más poderosa es la nación que tiene una población mayor. Para los hispanoamericanos es una gran satisfacción saber que México, por ejemplo, tiene una población de casi 50 millones y que la capital es una de las diez ciudades más grandes del mundo. Para muchas personas el problema de la sobrepoblación realmente no existe. En Hispanoamérica estas personas creen seriamente en la interpretación que la propaganda antinorteamericana da al problema de la sobrepoblación. Esta interpretación dice que este problema es una invención de los "imperialistas" norteamericanos que ven la posición de los Estados Unidos como potencia mundial amenazada por el crecimiento demográfico de las repúblicas hispanoamericanas.

En Centroamérica la población se concentra en el norte, en las repúblicas de Guatemala y El Salvador. La ciudad de Guatemala, con más de 700.000 personas, es la ciudad centroamericana más grande y una de las que está creciendo más rápidamente. Se estima que en 1980 va a tener más de un millón de habitantes.

Al hablar de Centroamérica hay que darse cuenta de que las seis repúblicas no son completamente uniformes, como creen muchas personas. Es

crecimiento demográfico: population growth

potencia mundial: world power
amenazar: to threaten

cierto que las repúblicas son parecidas, pero también es cierto que hay grandes diferencias.

II

Guatemala

Guatemala es una república muy pintoresca. Los guatemaltecos dicen que es "la tierra de la eterna primavera", *the land of eternal spring*. La belleza natural de la república es incomparable, y en los altos valles que están entre montañas y volcanes nunca hace mucho calor ni mucho frío. Uno de los lugares más pintorescos es el lago de Atitlán, al oeste de la capital. Atitlán está al pie de un volcán espectacular y alrededor del lago hay numerosas comunidades de indios que para los turistas son fascinantes. Los indios tienen un gran sentido artístico y hacen artículos de cerámica, metal, madera y lana para vender en los mercados. Los indios crean diseños originales y en la decoración de sus artículos usan figuras y colores que son muy atractivos.

La conquista del actual territorio guatemalteco se realiza como una extensión de la conquista de México. Después de dominar a los indios, el conquistador Pedro de Alvarado funda la ciudad de Guatemala en 1524. Alvarado, veterano de la conquista de México, es uno de los oficiales que Hernán Cortés nombra para dirigir la conquista de Centroamérica. En la época colonial la ciudad de Guatemala es la sede de las autoridades españolas que gobiernan el territorio de las actuales repúblicas centroamericanas, con la excepción de Panamá, que queda excluido de la región. Como colonia española el territorio que hoy comprende el sur de México y las cinco repúblicas centroamericanas al norte de Panamá se conoce como Capitanía General de Guatemala. La región se declara independiente de España en 1821, pero las

lago: lake

madera: wood
lana: wool
diseño: design

sede: seat

comprender: to comprise

actuales repúblicas se forman varios años más tarde, en 1838, como resultado de conflictos locales. Históricamente, Guatemala es la república centroamericana más interesante, no sólo por su posición predominante en la época colonial, sino también como parte del territorio donde se desarrolla la civilización de los mayas en el primer siglo de nuestra era.

Más de la mitad de los cinco millones de personas que hoy viven en Guatemala descienden de los mayas y otros pueblos prehispánicos. Parte de estos descendientes se han adaptado a la cultura occidental y se han mezclado con los blancos. Pero todavía existe un gran número de indios puros, como los que viven en Atitlán y otros lugares del campo. Los indios guatemaltecos todavía hablan unas 21 lenguas prehispánicas diferentes, y muy pocos saben leer y escribir español. La educación de estos grupos es uno de los grandes problemas de Guatemala. En la actualidad, casi dos terceras partes de la población no saben leer ni escribir.

La actividad principal de la población guatemalteca es la agricultura, y el café es el producto más importante. Muchos indios son campesinos; trabajan para los dueños de las haciendas. En Guatemala y el resto de Centroamérica estas grandes extensiones de tierra se llaman "fincas". Guatemala no ha podido implementar una reforma agraria radical. Tampoco ha podido integrar las corrientes políticas del mundo actual. La república está políticamente dividida, y hoy hay una lucha entre los elementos ultraconservadores de la extrema derecha y los elementos ultrarradicales de la extrema izquierda. El futuro de la nación depende de la creación de un sistema político capaz de integrar y moderar estos elementos opuestos.

La literatura guatemalteca que revela la vida política de la nación y las costumbres y tradiciones de los indios es abundante. Inspirado por estos aspectos, el novelista Miguel Ángel Asturias ha creado una serie de personajes literarios que viven bajo la influencia de fuerzas extraordinariamente poderosas, dominados por el terror político en el caso de *El*

de: than (when used in comparative constructions)

mezclar: to mix

GUATEMALA

Nombre oficial: República de Guatemala
Área en millas²: 42.042
Población total

    1969: 5.014.000
    1980 (estimada): 7.191.000
    Crecimiento anual: 3,1%
    Grupo étnico predominante: indio
Analfabetismo: 62%
Nombre y adjetivo de nacionalidad: guatemalteco, -a
Ciudad capital: Guatemala
Población capitalina: 723.000
Principal producto de exportación: café
Principales compradores fuera del Mercado Común Centroamericano: Estados Unidos, Alemania (RF), Japón

señor Presidente y por espíritus sobrenaturales en el caso de *Mulata de tal*. Estas dos novelas, publicadas en 1941 y 1961 respectivamente, son las mejores de Asturias, un escritor que ha recibido el Premio Nobel de Literatura y que por su estilo vigoroso y fascinante es muy admirado en la actualidad.

El Salvador[1]

Al este de Guatemala está El Salvador, donde viven tres y medio millones de personas. Después de Guatemala, es la república centroamericana más poblada. La mayor parte de la población es mestiza, 5 y casi no hay indios.

Económicamente, El Salvador es la república más desarrollada y progresista de Centroamérica. En esta república, que en extensión es solamente un poquito más grande que el estado norteamericano de 10 Nueva Jersey, hay numerosas industrias y un buen sistema de comunicaciones. Los salvadoreños son considerados buenos trabajadores, pero los ingresos no están uniformemente distribuidos, y los salarios de muchos trabajadores son bajos. La ciudad de San 15 Salvador, capital de la república, revela el desequilibrio social y económico que existe. En la ciudad hay dos secciones: "la ciudad nueva" y "la ciudad vieja". Los ricos viven en la ciudad nueva, donde las casas son grandes, modernas y elegantes. Los pobres viven 20 en la ciudad vieja, donde las casas son pequeñas, inadecuadas y miserables.

ingresos: income

[1] The use of the definite article with the names of certain countries and cities is not consistent in Spanish. Traditionally the definite article has been used with the names of such countries as *el Canadá, los Estados Unidos, el Perú, la Argentina,* etc. This practice, however, is becoming less frequent except in cases where the definite article is part of the name, such as *El Salvador* and *La Habana.* In these instances the definite article is capitalized and cannot be omitted. With respect to the name *Estados Unidos,* the definite article may or may not be used; thus, *los Estados Unidos* or simply *Estados Unidos.* Both uses are equally acceptable, but must be used correctly. If the article is used, a verb referring to the name *Estados Unidos* must appear in the third-person plural form; if the article is omitted, this verb must appear in the third-person singular form. For example, both *Estados Unidos es* and *los Estados Unidos son* are correct, but not *los Estados Unidos es.*

EL SALVADOR

Nombre oficial: República de El Salvador
Área en millas²: 8.164
Población total

        1969:   3.390.000
        1980 (estimada):   4.910.000
        Crecimiento anual: 3,7%
        Grupo étnico predominante: mestizo
Analfabetismo: 49%
Nombre y adjetivo de nacionalidad: salvadoreño, -a
Ciudad capital: San Salvador
Población capitalina: 437.000
Principal producto de exportación: café
Principales compradores fuera del Mercado Común Centroamericano: Estados Unidos, Alemania (RF), Japón

III

Honduras

Honduras, que también está al este de Guatemala, es considerablemente más grande que El Salvador. Guatemala y Honduras son más o menos del

HONDURAS

Nombre oficial: República de Honduras
Área en millas²: 43.277
Población total
　　　　　　1969:   2.495.000
　⌐　　　　 1980 (estimada):   3.771.000
　　　　　　Crecimiento anual: 3,4%
　　　　　　Grupo étnico predominante: mestizo
Analfabetismo: 50%
Nombre y adjetivo de nacionalidad: hondureño, -a
⌐⁰ Ciudad capital: Tegucigalpa
Población capitalina: 300.000
Principal producto de exportación: bananas
Principales compradores fuera del Mercado Común Centroameri-
　　　cano: Estados Unidos, Alemania (RF), Japón

mismo tamaño, cada una con un área comparable a la   **tamaño:**   size
del estado norteamericano de Tennessee. El nombre
"Honduras", *depths,* tiene su origen en las dificultades
que Cristóbal Colón encuentra navegando frente a
⌐ las costas del actual territorio hondureño durante su
cuarto y último viaje al Nuevo Mundo. Después de
dominar las malas condiciones de navegación, Colón

exclama: "¡Gracias a Dios que hemos salido de estas honduras!"

Actualmente Honduras es una república donde viven dos y medio millones de personas, y casi todos los hondureños son mestizos. La república tiene dos ciudades principales: Tegucigalpa y San Pedro Sula. Tegucigalpa es la capital y San Pedro Sula el centro industrial y comercial más importante. En efecto, el actual dinamismo y crecimiento de San Pedro Sula amenaza la posición de Tegucigalpa como la primera ciudad de la nación.

en efecto: as a matter of fact

Honduras es la república menos desarrollada de Centroamérica y una de las menos conocidas internacionalmente. Tegucigalpa es la única ciudad capital en toda Hispanoamérica que no tiene ferrocarril, y en Centroamérica, la única por donde no pasa la Carretera Panamericana. Entre la ciudad de México y la ciudad de Panamá esta carretera, que en inglés se llama *Pan American* o *Inter-American Highway*, es la principal ruta para el transporte de personas y productos por tierra.

ferrocarril: railroad

Nicaragua

Entre Honduras y Costa Rica está Nicaragua. El nombre se deriva de Nicarao, un jefe indio en los tiempos de la conquista. En extensión Nicaragua es la república más grande de Centroamérica, pero aquí vive menos gente que en Guatemala, El Salvador u Honduras. Nicaragua es una república donde solamente viven unos dos millones de personas. La población está concentrada entre el Pacífico y los lagos de Managua y Nicaragua. Las principales ciudades están en esta región que es baja, tropical y calurosa. El lago de Nicaragua es más grande que el de Managua. A orillas de este lago está la capital que también se llama Managua.

u: o (before words beginning with an "o" sound)

orilla: edge

En el mundo literario, la república de Nicaragua es internacionalmente conocida como el lugar de

NICARAGUA

Nombre oficial: República de Nicaragua
Área en millas^2:   57.143
Población total
        1969:   1.915.000
        1980 (estimada):   2.824.000
        Crecimiento anual: 3,7%
        Grupo étnico predominante: mestizo
Analfabetismo: 50%
Nombre y adjetivo de nacionalidad: nicaragüense
Ciudad capital: Managua
Población capitalina: 330.000
Principal producto de exportación: algodón
Principales compradores fuera del Mercado Común Centroameri-
    cano: Estados Unidos, Japón, Alemania (RF)

nacimiento de Rubén Darío, el principal poeta del Modernismo, movimiento que marca la independencia literaria de Hispanoamérica. Este movimiento crea un mundo poético ultraelegante y ultrarrefinado que tiene como símbolo la belleza plástica del cisne. La poesía modernista representa un escape de la realidad para vivir en un mundo dominado por la teoría

nacimiento: birth

cisne: swan

del arte por el arte, *art for art's sake.* En uno de sus más conocidos poemas el propio Darío dice:

El arte puro como Cristo exclama:
EGO SUM LUX ET VERITAS ET VITA[1]

5   En los últimos años del siglo XIX y los primeros del presente, Darío llega a ser el líder literario de España y de Hispanoamérica. Introduce nuevas formas y metros, y por la perfección rítmica y melódica de sus versos, muchos críticos literarios continúan 10 considerándolo como el mejor poeta de la lengua española. Como los otros poetas de su tiempo, Darío se escapa de la sórdida realidad de la existencia diaria, creando un mundo poético donde hay, como él mismo dice, "princesas, reyes, cosas imperiales, 15 visiones de países lejanos o imposibles". Es un mundo poético exquisito, de imágenes delicadas y versos melódicos:

él mismo: he himself
país lejano: far-away country

La princesa está triste . . . ¿Qué tendrá la
princesa?
Los suspiros se escapan de su boca de fresa
20 que ha perdido la risa, que ha perdido el
color.
La princesa está pálida en su silla de oro,
está mudo el teclado de su clave sonoro,[2]
y en un vaso olvidada se desmaya una flor.

qué tendrá: what is the matter with
suspiro: sigh
de fresa: rosy
risa: laughter, merriment
oro: gold

desmayarse: to faint

IV

Costa Rica

El río San Juan marca el límite territorial entre 25 Nicaragua y Costa Rica. En área, esta república es unas dos veces más grande que el estado norteameri-

[1] "I am the light, and the truth, and the life."
[2] In this line the poet compares the voice of the princess to the music of a harpsichord: "The keyboard of her sonorous harpsichord is mute."

COSTA RICA

Nombre oficial: República de Costa Rica
Área en millas²: 19.575
Población total

        1969:   1.731.000
        1980 (estimada):   2.728.000
        Crecimiento anual: 3,4%
        Grupo étnico predominante: blanco
Analfabetismo: 15%
Nombre y adjetivo de nacionalidad: costarricense
Ciudad capital: San José
Población capitalina (área metropolitana):   377.000
Principal producto de exportacion: café
Principales compradores fuera del Mercado Común Centroamericano: Estados Unidos, Japón, Alemania (RF)

cano de Vermont, y San José, la capital de la república, está más o menos en el centro del territorio nacional. "Costa Rica", *the rich coast,* es un nombre que, como "Honduras", tiene su origen en las observaciones de Cristóbal Colón.

En marcado contraste con las otras repúblicas centroamericanas, Costa Rica es un modelo de democracia en toda Hispanoamérica. Los costarricenses están orgullosos de esta tradición democrática. También están orgullosos de vivir en una república que no tiene ejército. Hay una Guardia Nacional que es apolítica y que sirve como un cuerpo de policía civil.

Costa Rica es una nación sin tensiones raciales, políticas o sociales porque étnica y culturalmente la población es bastante homogénea. Costa Rica tiene el mejor sistema de educación pública de Centroamérica. Los costarricenses dicen que pueden tener más y mejores escuelas y universidades porque el gobierno no tiene gastos militares. El 85 por ciento de la población de Costa Rica sabe leer y escribir. Este índice es bastante alto, sobre todo cuando se compara con el resto de Centroamérica, especialmente Guatemala, donde el índice de alfabetismo es solamente de un 38 por ciento.

En Costa Rica viven menos de dos millones de personas. Casi todas son de origen español. La rica tradición indígena que hay en lugares como México y Guatemala no existe en Costa Rica, donde no hay indios. Económicamente, los costarricenses viven del cultivo del café. La tierra está controlada por un grupo numeroso de pequeños propietarios que viven en condiciones bastante mejores que los campesinos de las otras repúblicas, donde el poder económico y político está concentrado en la oligarquía tradicional.

Panamá

En 1502 Cristóbal Colón proclama la soberanía del rey de España en el actual territorio panameño, y en 1513 Vasco Núñez de Balboa, otro de los exploradores españoles, descubre el Océano Pacífico como parte de las exploraciones que realiza en Panamá. En honor a Núñez de Balboa, la moneda panameña se llama "balboa", y un balboa tiene el mismo valor que un dólar norteamericano.

Durante la época colonial Panamá es parte de una ruta comercial muy importante entre España y el oeste de la América del Sur. Y es así como el

orgulloso: proud

gasto: expense

índice de alfabetismo: literacy rate

soberanía: sovereignty

moneda: currency

gobierno colonial de Panamá no depende de las autoridades españolas que se establecen en Guatemala, sino de las que se establecen en la América del Sur. Cuando esta región se declara independiente de España, Panamá pasa a ser parte de la república suramericana de Colombia; pero en 1903, con la ayuda de los Estados Unidos los panameños se separan de Colombia y forman la actual república. El desarrollo histórico de Panamá es, pues, diferente al del resto de Centroamérica.

En la actualidad la importancia de Panamá en el campo de las comunicaciones internacionales depende de una ruta interoceánica: el Canal de Panamá, que está bajo la administración de los Estados Unidos. Todos los días turistas y productos de todas partes del mundo pasan por allí, unos 13.000 barcos anualmente. Pasar de un océano al otro toma ocho o nueve horas, y la ciudad de Panamá, capital de la república, está cerca de la entrada del canal, sobre el Pacífico. El canal divide a la república en dos partes: la occidental y la oriental. Panamá tiene casi un millón y medio de personas, y racialmente la población es muy mezclada. Casi todos los panameños viven en la parte occidental, es decir, entre la frontera con Costa Rica y la ciudad de Panamá. La parte oriental de la república es una densa selva todavía virgen. Aunque en el mapa Panamá aparece como un puente entre la América del Norte y la América del Sur, las comunicaciones por tierra entre Panamá y Colombia no existen. La Carretera Panamericana no une a los dos continentes: la selva que hay entre Panamá y la frontera con Colombia es muy difícil de penetrar. Esta densa selva no ha permitido abrir la carretera, aunque en este proyecto se ha trabajado durante varios años.

Panamá y el resto de las repúblicas centroamericanas están orientadas hacia el norte. Los centroamericanos van de vacaciones o de compras a México y a los Estados Unidos. Las ciudades que más visitan son Acapulco, México, Nueva Orleáns y Miami. En-

campo: field

barco: ship

oriental: eastern

frontera: border

puente: bridge

unir: to unite

PANAMÁ

Nombre oficial: República de Panamá
Área en millas^2 (incluyendo la Zona del Canal):   29.306
Población total

        1969:   1.417.000

5   1980 (estimada):   2.087.000

        Crecimiento anual: 3,3%

        Grupo étnico predominante: mestizo

Analfabetismo: 21%
Nombre y adjetivo de nacionalidad: panameño, -a
10 Ciudad capital: Panamá
Población capitalina: 412.000
Principal producto de exportación: bananas
Principales compradores: Estados Unidos, Venezuela, Japón

tre las repúblicas centroamericanas y las repúblicas
de la América del Sur las relaciones no son estrechas.   **estrecho:** close
Para los centroamericanos no es importante saber
qué está ocurriendo al sur de Panamá, y los surameri-
5 canos, a su vez, tienen una idea muy vaga de Centro-   **a su vez:** in turn
américa.

V

En el interior de Centroamérica hay dos regiones montañosas, una en el norte y otra en el sur. La región del norte es más grande: va del Golfo de Tehuantepec a Nicaragua, pasando por Guatemala, El Salvador y Honduras. La región del sur sólo va de Costa Rica a Panamá. Entre una región y la otra están los lagos de Managua y Nicaragua, y los dos volcanes nicaragüenses más conocidos: el espectacular Momotombo y su compañero, que, por ser más pequeño, se llama Momotombito.

Aunque hay volcanes en casi todas las repúblicas hispanoamericanas, las erupciones volcánicas sólo son frecuentes en México y en Centroamérica. Más al sur los volcanes no están en actividad. Para una vista fenomenal, no hay nada como la vista de un volcán en erupción. Es un espectáculo que los turistas siempre tienen ganas de ver. Por eso en El Salvador hay un hotel que ofrece una gran vista del Izalco, uno de los volcanes más activos antes de terminar la construcción del hotel. Hoy el Izalco tiene ganas de dormir y no está en actividad. El hotel está cerrado porque los turistas no tienen interés en un volcán dormido. Para caracterizar al Izalco, es apropiado el refrán español que dice: "hazte fama y échate a dormir".[3]

Las cenizas de un volcán fertilizan con el tiempo la tierra donde caen. Y las tierras fértiles son muy necesarias en Centroamérica porque la agricultura es la actividad principal. La economía depende de la exportación de café y bananas. Las repúblicas centroamericanas exportan estos productos a los Estados Unidos y a otras partes del mundo.

El principal mercado es Estados Unidos, nación que importa productos centroamericanos por un valor de más de 200 millones de dólares anualmente. De manera que los centroamericanos creen que su posi-

vista: view

tener ganas de: to want to

refrán: proverb, saying
ceniza: ash

---

[3] Literally, this saying means: "Make yourself famous and lie down and sleep." It expresses the idea of resting on one's laurels.

ción económica es responsabilidad de los Estados Unidos. Dicen que la falta de capital para la construcción de casas, hospitales y escuelas, y para la preparación de profesionales y técnicos se podría 5 solucionar si Estados Unidos pagara precios más altos por los productos agrícolas de Centroamérica. Pero los economistas norteamericanos no están de acuerdo: consideran que la imposición de precios artificiales para productos agrícolas puede crear problemas muy 10 serios en la economía mundial. Esto es algo que los centroamericanos no comprenden, y simplemente creen que, cuando los Estados Unidos no aceptan pagar más, están actuando en beneficio de sus propios intereses.

15 El desarrollo industrial de Centroamérica está limitado por falta de recursos minerales: no hay hierro ni carbón. Sólo hay bosques, especialmente en Guatemala, Honduras y Nicaragua. Hoy los recursos forestales no son importantes para la economía de 20 estas repúblicas, pero prometen mucho para el futuro. En los bosques de Honduras, por ejemplo, se trabaja en la instalación de plantas industriales para producir papel. Es un proyecto que incluye la construcción de carreteras en una región donde hoy sólo 25 hay árboles. La creación de un mercado común que permite la libre circulación de productos de origen centroamericano entre las diferentes repúblicas (menos Panamá) ha estimulado desde 1960 las actividades comerciales y la inversión de capital ex- 30 tranjero, sobre todo norteamericano, alemán y japonés.

falta: lack

pagara: (imperfect subjunctive of **pagar**) were to pay

bosque: forest

libre: free

inversión: investment

EL CANAL
DE PANAMÁ

I

En enero de 1848, James Wilson Marshall descubre oro en las tierras de John Augustus Sutter. Así comienza la época que en la historia del oeste norteamericano se llama *the Gold Rush*. Miles de hombres abandonan su casa y su trabajo. La ambición universal es llegar a California para tomar posesión de una fortuna fabulosa. Aparecen nuevas palabras para la música de la canción *Oh, Susannah,* una parodia que dice:

canción: song

> Oh, California,
> That's the land for me;
> I'm going to Sacramento
> With my wash bowl on my knee.

El descubrimiento del oro transforma a California, región que en este tiempo todavía es virgen, y que pasa a ser posesión de los Estados Unidos como resultado de la guerra con México. La transferencia oficial de California entre los gobiernos de México y de los Estados Unidos, y el descubrimiento accidental de James Marshall son eventos que ocurren casi simultáneamente. Por esta coincidencia, los norteamericanos que creen en el "Destino Manifiesto"

Grupo de trabajadores en la construcción del Canal de Panamá.

de los Estados Unidos interpretan la aparición del oro como un presente divino: Dios está en favor de los norteamericanos que luchan por la expansión territorial de la democracia norteamericana.

5   Poco tiempo después del descubrimiento del oro comienza el éxodo hacia California. En la imaginación de mucha gente, California aparece como un lugar de riquezas fabulosas. Esta idea es una repetición de la idea que los españoles tienen del Nuevo 10 Mundo durante los años de la exploración y la conquista. El oro es la fuerza que impulsa la colonización del Nuevo Mundo en el siglo XVI y la colonización de California en el siglo XIX. Como los conquistadores, los *forty-niners* abandonan su casa porque 15 quieren ser hombres ricos.

    El viaje de los *forty-niners* es largo y difícil. Unos llegan por tierra y otros por mar. Las rutas marítimas son tres: vía Nicaragua, Panamá o el Cabo de Hornos, cerca del Polo Sur. Como los *forty-* 20 *niners* quieren llegar rápidamente a California, esta última ruta no es popular. Aunque es la más segura, es también la más larga: representa la navegación de casi toda la extensión norte-sur de los océanos Atlántico y Pacífico para ir de Nueva York a San 25 Francisco.

    Entre 1849 y 1853 miles de *forty-niners* llegan a California por otra ruta considerablemente más corta. Estos son los *forty-niners* que desembarcan en las costas centroamericanas del Caribe y re- 30 embarcan en las costas del Pacífico, pasando por Nicaragua o Panamá para ir de un océano al otro. Las personas que deciden viajar a California vía Nicaragua hacen el viaje en la Nicaragua Steamship Line, compañía de navegación que funda el prominente 35 hombre de negocios de Nueva York Cornelius Vanderbilt. Él es uno de los primeros norteamericanos que piensa en la construcción de un canal interoceánico en el sur de Centroamérica. Las experiencias de los *forty-niners* dramatizan la necesidad de 40 realizar este proyecto para facilitar las comunicaciones entre las dos costas de Norteamérica. La idea de Vanderbilt es abrir el canal en el sur de Nicara-

riquezas: riches

impulsar: to prompt, to propel

compañía de navegación: steamship company

gua, y utilizar las aguas del Río San Juan y del lago que también se llama Nicaragua para completar el pasaje marítimo de una costa a la otra. Ésta es precisamente la ruta que siguen los *forty-niners* que viajan en la Nicaragua Steamship Line. Es una ruta todavía más corta que la ruta vía Panamá. Es también una ruta que reduce el transporte por tierra a la pequeña distancia que hay entre el Lago de Nicaragua y el Océano Pacífico.

Cuando Vanderbilt funda la Nicaragua Steamship Line, también funda otra compañía para la construcción del canal. Sus ingenieros comienzan a hacer los estudios para realizar este proyecto en Nicaragua, pero entonces aparecen complicaciones internacionales y políticas que impiden la continuación de los trabajos. Como resultado, el canal interoceánico que hoy existe en Centroamérica está en Panamá, y no en Nicaragua. Sin embargo, este canal ahora se considera anticuado, y el gobierno norteamericano tiene varios proyectos para la construcción de otro canal en la región. De manera que el Río San Juan y el Lago de Nicaragua todavía esperan ser en el futuro la promesa del pasado.

La construcción del Canal de Panamá se realiza en los primeros años del siglo presente. Una compañía francesa comienza los trabajos, pero poco tiempo después los abandona, y el gobierno norteamericano del presidente Theodore Roosevelt adquiere los intereses franceses en 1902. La construcción del Canal se realiza finalmente bajo la supervisión del Cuerpo de Ingenieros del Ejército de los Estados Unidos. En 1914 el Canal comienza sus operaciones para beneficio de la navegación mundial.

II

La creación de Panamá como una república independiente es resultado del interés de los Estados Unidos en la construcción del Canal. Antes de 1903, Panamá es parte de la república suramericana de

LAS RELACIONES INTERAMERICANAS

En el siglo XX el desarrollo de las relaciones entre los Estados Unidos e Hispanoamérica ha estado dominado por tres políticas creadas por presidentes norteamericanos para definir la actitud oficial de Washington con respecto a las repúblicas de Hispanoamérica:

1. *La política del garrote.* Como presidente convencido de la superioridad moral de los Estados Unidos, Theodore Roosevelt es el autor de una política interamericana basada en el uso del garrote, *the big stick,* para enderezar a las repúblicas hispanoamericanas, *"wretched republics"* de acuerdo con él. Por esta actitud y por ser promotor y defensor de la intervención diplómatica y militar de los Estados Unidos en Centroamérica y el Caribe, Theodore Roosevelt es el presidente norteamericano que ha dejado los más malos recuerdos en Hispanoamérica.

2. *La política del buen vecino.* En su dis-

política: policy

enderezar: to straighten out

recuerdo: memory
discurso: speech

curso de inauguración en 1933, el presidente Franklin D. Roosevelt dice: *I would dedicate this nation to the policy of the good neighbor— the neighbor who respects himself . . . and the rights of others.* Para Hispanoamérica la política del buen vecino (en oposición a la política del garrote) expresa el deseo de los Estados Unidos de no intervenir en los asuntos internos de las repúblicas hispanoamericanas. Durante
10 la presidencia de Franklin D. Roosevelt las relaciones interamericanas están basadas en el respeto mutuo, y es un período de cordialidad y solidaridad hemisférica.

3. *La Alianza para el Progreso.* En 1961 el
15 presidente John F. Kennedy dedica la década de los años 60 a la transformación social y económica de Hispanoamérica y al desarrollo de instituciones democráticas en la región. Los representantes de Estados Unidos y de las
20 naciones hispanoamericanas (con la excepción de Cuba) firman en agosto de 1961 la Carta de Punta del Este, el documento que establece la Alianza para el Progreso, una alianza hemisférica dedicada a la modernización de las re-
25 públicas hispanoamericanas, con la asistencia técnica y económica de los Estados Unidos. Desde la Segunda Guerra Mundial, la Alianza representa el mayor esfuerzo de un gobierno norteamericano por hacer amigos en Hispano-
30 américa.

la década . . . 60: the 1960's

esfuerzo: effort

Colombia. Es precisamente con el gobierno de esta república que los Estados Unidos realizan las primeras negociaciones sobre la adquisición de los derechos para la ruta interoceánica. Pero porque 5 Colombia espera mayor compensación económica por estos derechos, el Congreso de la república no acepta el acuerdo provisional entre los representantes de los dos gobiernos. Como consecuencia de esta acción, que no produce una reacción favorable en el presi- 10 dente Theodore Roosevelt, Estados Unidos decide ayudar a elementos rebeldes en Panamá, elementos que quieren separarse de Colombia y permitir a los Estados Unidos la construcción del Canal. Así pues, con la protección militar, económica y diplomática 15 de los Estados Unidos, los panameños declaran la independencia de la república tres días después de estallar una revuelta que, sin la intervención de los Estados Unidos, Colombia hubiera podido controlar fácilmente.

20 Como creación de los Estados Unidos, la nueva república de Panamá inmediatamente firma con los Estados Unidos el acuerdo rechazado por el Congreso Colombiano, y las concesiones que hace Panamá son mayores que las concesiones que los Estados Unidos 25 esperaban de Colombia. Esta victoria norteamericana todavía hoy causa gran resentimiento en Hispanoamérica. Muchos hispanoamericanos consideran que fue una victoria ilegal obtenida por la fuerza. Los panameños no quieren aceptar que son una república 30 independiente gracias a los Estados Unidos. Tampoco quieren aceptar que, por el acuerdo firmado en 1903 y modificado en ocasiones más recientes, dependen económica y políticamente de los Estados Unidos. Entre los estudiantes universitarios hay líderes na- 35 cionalistas que demandan la nacionalización del Canal. Pero entre la clase gobernante hay personas que se dan cuenta de que la nacionalización representa el suicidio económico. La economía de Panamá depende de las actividades del Canal y del control 40 que sobre estas actividades tienen los Estados Unidos.

La ocupación por los Estados Unidos de la porción de tierra paralela al Canal, es decir *the*

acuerdo: agreement

hubiera podido: (past perfect subjunctive of **poder**) would have been able
firmar: to sign
rechazar: to reject

esperaban: (imperfect of **esperar**) expected

Canal Zone o Zona del Canal, representa entre los líderes antinorteamericanos un ejemplo de la dominación "imperialista" de los Estados Unidos en el Nuevo Mundo. Sin embargo, ésta es una de las concesiones que Panamá hace en el acuerdo de 1903, y por el derecho a gobernar la Zona del Canal, en la actualidad Panamá recibe de los Estados Unidos una renta anual de casi dos millones de dólares.

PARTE SEGUNDA

LAS ANTILLAS

Izquierda, arriba: esclavos negros trabajando en la producción de azúcar. Grabado del siglo XVI. *Izquierda, abajo:* tumba de Cristóbal Colón, Catedral de Santo Domingo, República Dominicana. *Abajo:* El Morro, San Juan, Puerto Rico. Este fuerte colonial fue construido para defender a la ciudad de los ataques de los piratas.

Propaganda antinorteamericana, Puerto Rico.

Estudiantes de la Universidad de La Habana trabajando en una plantación de caña de azúcar.

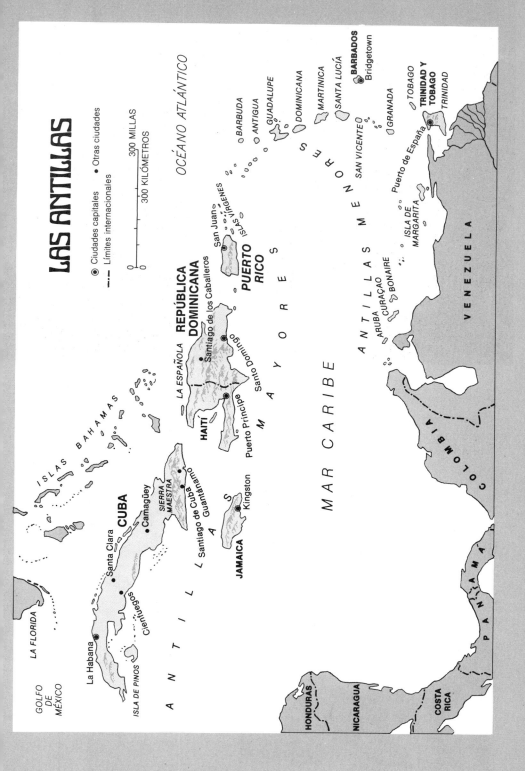

Arriba: fiesta en la Plaza de Arecibo, Puerto Rico. *Abajo, derecha:* José Martí, héroe de la independencia cubana. *Abajo, izquierda:* refugiados cubanos en Miami, Florida.

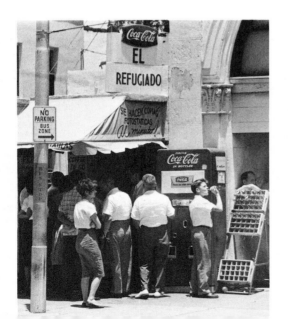

Derecha: "Madre e hijo" (1939), obra del pintor cubano Wilfredo Lam. El estilo de sus obras revela la influencia africana en las Antillas. *Abajo:* calle en la parte antigua de La Habana. El cartel político expresa la amistad entre Cuba y la Unión Soviética.

7

EL PANORAMA ANTILLANO

I

El Mar Caribe, al sur de la península de la Florida, es otra ruta internacional donde se ven barcos de todas partes del mundo. En este mar hay miles de islas formando el archipiélago que en español se llama las Antillas y en inglés *the West Indies,* aunque en los Estados Unidos es más popular la expresión *Caribbean Islands.* En la actualidad el turismo norteamericano contribuye al desarrollo económico de casi todas estas islas. Unas son grandes y otras muy pequeñas; en unas vive mucha gente y en otras sólo hay árboles. Oficialmente en las Antillas sólo se habla español en tres lugares: Cuba, la República Dominicana y Puerto Rico. Los dos primeros son repúblicas independientes; Puerto Rico es una posesión de los Estados Unidos. Otras islas fueron, o siguen siendo, posesiones de Francia, Holanda o Inglaterra. Las Antillas no son hispanoamericanas; son internacionales.

Durante sus cuatro viajes al Nuevo Mundo, Cristóbal Colón descubre numerosas islas de las Antillas, entre éstas, Cuba, Puerto Rico y Jamaica. Cuando España toma posesión de estas islas se convierte en una nación que domina el Caribe. Las

Paisaje antillano.

Antillas se convierten en el punto de partida para las expediciones que salen a explorar y a conquistar el resto del continente. Una de estas expediciones es la de Hernán Cortés. Sale de Cuba impulsada por los
5 rumores de grandes riquezas en tierras al oeste de la isla. Otra expedición es la de Juan Ponce de León. Sale de Puerto Rico con el propósito de descubrir el lugar legendario donde está la fabulosa *fountain of eternal youth.* Y por creer en las leyendas que el
10 Nuevo Mundo inspira, Ponce de León descubre la Florida.

partida: departure

Entre la fecha del descubrimiento de América y 1800, el Caribe representa, no sólo para España, sino para toda Europa, la puerta de entrada a His-
15 panoamérica. Después de los españoles, llegan a las Antillas los otros europeos, los europeos que quieren vencer el poder de España. Aparecen los franceses, los ingleses y los holandeses en ataques constantes a las colonias y a los barcos españoles. España no tiene
20 fuerzas suficientes para defender su posición domi- nante en las Antillas, y permite la ocupación por las naciones rivales de algunos territorios que considera insignificantes. Como resultado, el mapa político del Caribe es complejo. España coloniza Cuba, la Re-
25 pública Dominicana y Puerto Rico. Inglaterra colo- niza Jamaica, Trinidad y Tobago. Francia coloniza Haití, Martinica y Guadalupe. Holanda coloniza Aruba y Curazao. El encuentro de todas estas co- rrientes europeas produce resultados culturales muy
30 curiosos. La gente de Curazao, por ejemplo, habla "papiamento", una lengua que es mezcla de holandés, francés, inglés, español y portugués.

puerta de entrada: gateway

vencer: to defeat

mezcla: mixture

II

Dentro del complejo panorama político que son las Antillas, las plantaciones de caña de azúcar y
35 los negros de origen africano dominan la región. Son dos elementos que en mayor o menor grado están presentes en todas las islas. Se cree que el azúcar

caña de azúcar: sugar cane

llega a las Antillas en 1493, es decir, en el segundo viaje de Colón. Poco tiempo después aparecen las primeras plantaciones, y con éstas, la necesidad de trabajar dura y sistemáticamente. Como parte de la
5 colonización, los españoles imponen un nuevo régimen en el campo. La producción de azúcar requiere gran número de hombres fuertes. Los españoles comienzan a importar negros, y así llegan a las Antillas a trabajar en las plantaciones como esclavos.
10 Su historia es similar a la del negro de los Estados Unidos.

La importación de negros es una actividad que se realiza desde los primeros años de la colonización española. Y para eliminar el conflicto moral que para
15 la Europa cristiana representa el comercio de esclavos negros, los teólogos de la época inventan argumentos fantásticos. Estos argumentos tienen por objeto demostrar que la esclavitud representa un castigo divino. Los teólogos racistas del siglo XVI hacen
20 aparecer a Dios condenando a los negros a ser esclavos de los blancos para siempre. De manera que los blancos que participan en la esclavitud están cumpliendo la voluntad de Dios.

Ahora que la Iglesia ha perdido poder y que la
25 esclavitud ha desaparecido, las interpretaciones teológicas que la defendían nos parecen absurdas y hasta criminales. Y ahora que la palabra "cultura" tiene una interpretación antropológica y no se usa exclusivamente para referirse a los refinamientos de
30 la sociedad occidental, varios antropólogos y sociólogos han escrito numerosos estudios sobre la cultura africana. En particular, existen algunos libros acerca de la influencia de esta cultura en el Nuevo Mundo, y es muy interesante descubrir que algunas tradiciones
35 populares de Cuba, por ejemplo, tienen su origen en África.

Los elementos culturales que trae el esclavo negro que llega a las Antillas entre los siglos XVI y XVIII han contribuido a la creación de nuevas expre-
40 siones religiosas, musicales y literarias que hoy existen no sólo en las Antillas, sino también en los Estados Unidos y en algunas partes de la América del Sur,

teólogo: theologian

castigo: punishment

defendían: (imperfect of **defender**) defended

especialmente en el Brasil. El cristianismo africanizado toma muchas formas. En Haití, por ejemplo,
existe el culto del vodú, y en los Estados Unidos, las
ceremonias revivalistas de las iglesias negras. Estas
5 manifestaciones indican que cuando el esclavo negro
llega al Nuevo Mundo incorpora elementos de su
tradición africana a la cultura occidental. El vodú
es una combinación de elementos africanos y cató-
licos; el revivalismo, una combinación de elementos
10 africanos y protestantes.

En la música popular de las Antillas la influencia
africana también es notable, y en la literatura existe
un movimiento conocido como la "poesía negra". El
objeto de este movimiento es la expresión artística de
15 la realidad del negro: sus costumbres, sensaciones,
actitudes y creencias. Es poesía que reproduce en el   **creencia:** belief
verso el ritmo vigoroso de la música afro-antillana,
que usa el dialecto afro-español como elemento
pintoresco y que denuncia la condición social del
20 negro como víctima de la discriminación racial. De
acuerdo con su contenido, la "poesía negra" es sen-
sual, conmovedora o militante. Como poesía militante   **conmovedora:** (emo-
simpatiza con el negro, condena al blanco y estimula   tionally) moving
la tensión racial. La realidad del negro es una fuente   **fuente:** source
25 de inspiración no sólo para los poetas negros. Tam-
bién hay poetas blancos y mulatos que escriben
"poesía negra". Ésta se escribe tanto en inglés como   **tanto . . . español:** as
en español. Ha sido cultivada no sólo por algunos   much in English as in
poetas hispanoamericanos, sino también por algunos   Spanish
30 norteamericanos: Nicholas Vachel Lindsay y Langs-
ton Hughes, por ejemplo. Entre los poetas hispanoamericanos se encuentra el puertorriqueño Luis Palés
Matos. Numerosos críticos literarios consideran que
los versos de Palés Matos son incomparables. Su
35 poema más famoso es "Danza negra", una fascinante
creación de efectos rítmicos y onomatopéyicos que
comienza así:

Calabó y bambú.
Bambú y calabó.[1]

[1] **calabó:** type of gourd; **bambú:** bamboo. West Indies Negroes
use the **calabó** gourd and the bamboo stem to make per-
cussion instruments.

El Gran Cocoroco dice: tu-cu-tú.
La Gran Cocoroca dice: to-co-tó.[2]
Es el sol de hierro que arde en Tombuctú.[3]   arder: to burn
Es la danza negra de Fernando Póo.[4]
5   El cerdo en el fango gruñe: pru-pru-prú.
El sapo en la charca sueña: cro-cro-cró.[5]
Calabó y bambú.
Bambú y calabó.

---

[2] The rhythmical effects of this poem are achieved largely by
the repetition of final "o" and "u" sounds. "Tu-cu-tú" and
"to-co-tó" are inarticulate shouts yelled by the tribal chief
"Cocoroco" and his consort "Cocoroca."

[3] **Tombuctú:** Timbuktu, a city in equatorial Africa.

[4] **Fernando Póo:** island belonging to Spain in the Gulf of
Guinea.

[5] **El . . . gruñe:** The hog grunts in the mud; **El . . . sueña:** The
frog daydreams in the pond. "**Pru-pru-prú**" and "**cro-cro-cró**"
are imitations of the sounds made by the hog and frog, re-
spectively.

CUBA, LA REPÚBLICA DOMINICANA Y PUERTO RICO

I

La tradición indígena, tan fuerte en lugares como México y Guatemala, no existe en las Antillas. En Cuba, la República Dominicana y Puerto Rico los indios prehispánicos eran bastante primitivos y
5 murieron como consecuencia de la conquista y la colonización españolas. Sin embargo, fue en esta región donde los europeos usaron la palabra "indio" por primera vez para referirse al hombre que encontraron en el Nuevo Mundo. En la geografía del siglo
10 XV las tierras del sureste de Asia se llamaban genéricamente las Indias, y Colón creyó durante toda su vida que había llegado a esas tierras. Por esta razón él mismo llamó "las Indias" al Nuevo Mundo, e "indios" a la gente que encontró. Más tarde, España
15 usó la expresión "Indias Occidentales" para referirse a sus colonias en el Nuevo Mundo, y en la actualidad la expresión equivalente en inglés (es decir, West Indies) se sigue usando para referirse a las Antillas.

había llegado: (past perfect of **llegar**) had arrived

Tropas norteamericanas izan la bandera de los Estados Unidos por primera vez en Guantánamo, Cuba, durante la Guerra de 1898.

Desde los tiempos de Colón hasta el presente, las grandes potencias del mundo han luchado por la dominación de las Antillas. Hoy la influencia de los Estados Unidos o de Rusia es considerable en las tres islas hispanoamericanas de la región.

Cuba

A 90 millas al sur de la península de la Florida, Cuba es, después de México, la república hispanoamericana que está más cerca de los Estados Unidos. El poeta cubano Nicolás Guillén, famoso cultivador de la "poesía negra", condensa el aspecto físico de Cuba en una imagen perfecta: Cuba es un "largo lagarto verde", *a long green alligator,* que navega en el Caribe. Para apreciar la perfección de esta imagen es suficiente observar el mapa y saber que Cuba es una isla de tierras fértiles, clima agradable y espléndidos paisajes tropicales. Es la isla más importante de las Antillas y la más grande, con un área comparable a la del estado norteamericano de Pennsylvania. En La Habana, puerto principal y capital de la república, viven más de un million y medio de personas. Antes de la revolución de Fidel Castro la ciudad era un gran centro turístico. Pero hoy los hoteles modernos y elegantes de La Habana prerrevolucionaria son residencias donde viven estudiantes, técnicos y empleados del gobierno. El viejo hotel "Habana Hilton" se llama ahora hotel "Habana Libre". Es un símbolo del profundo cambio que ha ocurrido. Este hotel es ahora propiedad del gobierno y está administrado por el INIT (Instituto Nacional de la Industria Turística). Es el lugar donde se quedan los dignatarios y los delegaciones del exterior que visitan Cuba como invitados oficiales del gobierno.

Antes de 1959, año de la victoria de Fidel Castro, la prosperidad económica de la isla dependía del turismo norteamericano y de la exportación de azúcar a los Estados Unidos, pero ahora entre las dos naciones no existen relaciones diplomáticas ni comerciales. La revolución de Fidel Castro ha trans-

paisaje: scenery

invitado: guest

CUBA

Nombre oficial: República de Cuba
Área en millas²: 44.218
Población total
          1969:   8.250.000
          1980 (estimada):   10.973.000
          Crecimiento anual: 2,2%
          Grupo étnico predominante: blanco
Analfabetismo: —*
Nombre y adjetivo de nacionalidad: cubano, -a
Ciudad capital: La Habana
Población capitalina (área metropolitana):   1.710.000
Principales productos de exportación: azúcar, tabaco
Principales compradores: URSS, China, España

* No reliable figure is available.

formado a Cuba en la primera república comunista de América, imponiendo cambios fundamentales en el sistema político, las estructuras económicas, las instituciones sociales y la órbita de las relaciones internacionales. Los extranjeros que frecuentemente circulan en las calles y avenidas de las principales ciudades son técnicos, ingenieros, instructores militares, estudiantes, atletas o artistas de Rusia, de otras repúblicas del bloque soviético como Hungría o Checoeslovaquia, de la China comunista o del Viet Nam del Norte. Todos llegan a Cuba como representantes oficiales de sus respectivos gobiernos, en misiones de ayuda técnica o de intercambio cultural.

    La presencia de estos extranjeros sirve como tema de conversación en las reuniones sociales de

intercambio:
exchange

los cubanos. Otro tema favorito es el de "la libreta de racionamiento". Con este documento el cubano obtiene del estado las cosas que necesita para vivir: comida, ropa y otros artículos de uso personal. El estado determina cuánto puede obtener cada persona y la libreta de racionamiento sirve para controlar esta distribución. En la actualidad la situación material de Cuba es mala, de manera que los artículos de lujo no existen y los artículos básicos no son suficientes. Es una situación intolerable para los que tenían dinero antes de la revolución. Muchos de estos cubanos han abandonado la isla y viven en Estados Unidos, Canadá, México o España como exilados políticos. Durante varios años Castro permitió el exilio de los cubanos que no querían vivir bajo su régimen. El gobierno de los Estados Unidos realizaba vuelos semanales para traer a Miami a los cubanos descontentos. Cuando Castro puso fin al éxodo en 1971, la lista de espera era increíblemente larga; cubría un período de varios años. Hoy en los Estados Unidos hay alrededor de 250.000 refugiados cubanos. Muchos viven en la Florida. Una característica que los distingue es su sentido de humor.

Un estudiante de la Universidad de Miami le preguntó recientemente a un exilado su opinión de Cuba.

—Cuba —contestó el exilado— es hoy la nación más grande del mundo. Vea usted: históricamente La Habana es la capital de la república, pero su gobierno está en Moscú y su población en Miami. Hemos conquistado el mundo.

lujo: luxury

vuelo semanal: weekly flight

cubrir: to cover

II

El caso de Cuba es único en Hispanoamérica. No sólo por su presente sino también por su pasado. La isla fue ocupada por los españoles unos veinte años después de ser descubierta por Colón en su primer viaje. La conquista se hizo sin grandes campañas militares porque la resistencia de los indios fue insignificante. Y desde los primeros años del siglo XVI hasta los últimos del siglo XIX, Cuba fue una colonia de España. La isla consiguió su independencia mucho más tarde que las demás repúblicas. En efecto, después de 1824, cuando el resto de Hispanoamérica ya es independiente, sólo Cuba y Puerto Rico continúan como colonias de España. Durante todo el siglo XIX varios patriotas cubanos luchan por la independencia, pero los resultados no son positivos. Al mismo tiempo, Cuba se convierte en un desafío a la política norteamericana del "Destino Manifiesto". Varios políticos expresan interés por la anexión de Cuba como parte de la expansión territorial. En 1853 los Estados Unidos ofrecen a España 130 millones de dólares por la isla, pero España no acepta la oferta.

desafío: challenge

La última lucha armada de los patriotas cubanos contra la dominación española comienza en 1895. Uno de sus grandes organizadores es José Martí, el héroe nacional de Cuba. Martí es uno de los primeros patriotas que muere en un encuentro con las fuerzas españolas, pero la lucha continúa hasta 1898, cuando interviene Estados Unidos declarándole la guerra a España. Como resultado de este conflicto, para el cual las fuerzas españolas no estaban preparadas, Estados Unidos adquiere las últimas colonias españolas en el Caribe y en Asia. Es decir que España pierde, además de Cuba, Puerto Rico y las islas Filipinas.[1]

Espiritualmente, España también pierde las últimas ilusiones imperiales. La tragedia política precipita una crisis en la conciencia intelectual de la nación, y un grupo de jóvenes escritores, impresionados por el resultado de la guerra, deciden analizar la vida española en todos sus aspectos. Hoy la expresión "Generación del 98" se usa para identificar a este grupo de escritores que producen uno de los movimientos intelectuales y artísticos más profundos en la historia literaria de España. Miguel de Unamuno y José Ortega y Gasset son pensadores representativos de este grupo.

pensador: thinker

[1] The Philippine Islands in Southeast Asia, so named for the Spanish king, Philip II.

MARTÍ, EL POETA

Jose Martí dedicó su vida a la independencia de Cuba, y por su gran idealismo tiene
admiradores en toda Hispanoamérica y también
en los Estados Unidos. Como exilado político,
5 Martí vivió en España, México, Guatemala y
Nueva York. Fue un líder político muy dinámico
y un escritor muy prolífico. Entre sus obras   **obra:** work
literarias más populares están los *Versos sen-*
cillos, una colección de poemas que revelan las
10 actitudes personales y las ambiciones espirituales de Martí:

I
Yo soy un hombre sincero
de donde crece la palma,   **palma:** palm tree
y antes de morirme quiero
15 echar mis versos del alma.   **echar:** to pour out

III
Con los pobres de la tierra
quiero yo mi suerte echar: **mi suerte echar:** to
el arroyo de la sierra   throw my lot in
me complace más que el mar.   **arroyo:** stream
                                                      sierra: mountain
V   **complacer:** to please
20 Mi verso al valiente agrada: **valiente:** courageous
mi verso, breve y sincero,
es del vigor del acero   **acero:** steel
con que se funde la espada.   **fundir:** to smelt
                                                      espada: sword
XXIII
Yo quiero salir del mundo
25 por la puerta natural:
en un carro de hojas verdes   **hoja:** leaf
a morir me han de llevar.   **me han de llevar:** I
                                                        shall be taken
No me pongan en lo oscuro   **lo oscuro:** the dark
a morir como un traidor;
30 yo soy bueno, y como bueno,   **moriré . . . sol:** I will
¡moriré de cara al sol!   die facing the sun

Cuando los Estados Unidos toman posesión de Cuba se declaran protectores de la isla y el ejército norteamericano realiza la pacificación del nuevo protectorado, disolviendo las organizaciones revolucionarias y creando un gobierno artificial. En 1902 las fuerzas militares abandonan la isla, y Washington anuncia la libertad política del pueblo cubano, pero se reserva el derecho de intervenir en los asuntos internos de la nueva república para garantizar su independencia y la existencia de un gobierno adecuado para la protección de la vida humana, la propiedad privada y la libertad individual. De manera que los Estados Unidos no abandonan por completo el control de la isla, y de hecho, las fuerzas armadas vuelven a intervenir varias veces en momentos de conflictos políticos internos. Por fin, en 1934 Washington revoca la famosa "Enmienda Platt", *the Platt Amendment,* el documento que autorizaba la intervención. Este acontecimiento, sin embargo, no marca la terminación de los intereses norteamericanos en Cuba, que continúan desarrollándose hasta la revolución de Fidel Castro.

de hecho: in fact

por fin: at last, finally

III

La república hispanoamericana que más dependía de los Estados Unidos es hoy la república de la revolución más radical contra el sistema capitalista. Antes de 1959, los intereses norteamericanos en el campo económico llegaron a representar inversiones de capital privado por valor de casi mil millones de dólares. Y para comprender por qué la revolución es enemiga del capitalismo es necesario un estudio profundo del efecto que tuvo en el pueblo cubano la transformación y el uso de los recursos económicos de la república por compañías agrícolas como la United Fruit Company. Estas compañías contribuyeron al desarrollo de la industria del azúcar en gran escala y, como un mal necesario, a la creación de un neofeudalismo: la compañía creó el latifundio

por valor de: worth

azucarero, *the excessively large sugar estate,* y se convirtió en un poderoso hacendado, es decir, en un dueño de grandes extensiones de tierra. Uno de los primeros proyectos de la revolución fue la reforma
5 agraria. Como resultado, las plantaciones y los ingenios de azúcar hoy están controlados por el INRA (Instituto Nacional de Reforma Agraria), el campesino trabaja para el estado, y Rusia ha remplazado a los Estados Unidos como el principal mercado para
10 el azúcar.

remplazar: to replace

Todo el mundo habla de Castro y sus reformas con pasión. Para los cubanos que hoy viven en los Estados Unidos como exilados políticos, Castro es un tirano. Para los jóvenes que consideran que el capi-
15 talismo ha producido injusticias sociales y desequilibrios económicos, Castro es un héroe. Pero dentro de la misma Cuba la oposición al régimen no se permite. Hay que aceptar a Castro cien por ciento, sin reservaciones de ninguna clase. Como dice el

cien por ciento: one hundred percent, completely

20 senador norteamericano J. William Fulbright, *"The evil of communism is not its doctrinal content, which at worst is utopian, but its fanatical certainty of itself, its messianic zeal and its intolerance of dissent".* Castro exige una devoción completa a la revolución

exigir: demand

25 y ha impuesto una disciplina extremadamente rigurosa para todos los cubanos. Su propósito es la creación de una nueva mentalidad en el mundo, lo que la revolución llama "el hombre nuevo", y la destrucción de "el hombre lobo", *the wolf man.* "El
30 hombre nuevo" es el hombre del futuro que trabaja estimulado por incentivos morales dentro de un socialismo utópico. "El hombre lobo" es el hombre del presente que trabaja estimulado por incentivos materiales dentro de un capitalismo corrupto. Castro
35 considera que la gloria de la revolución está en la intensificación de la producción agrícola hasta superar niveles prerrevolucionarios y en la total industrialización de la república. Los discursos de Castro y las consignas de la revolución tienen en la

nivel: level
discurso: speech
consigna: slogan

40 actualidad como objetivo fundamental la movilización de las masas hacia el trabajo. Cuba tiene ocho millones de habitantes y el deber patriótico de cada

cubano es trabajar más para demostrar la dignidad del hombre y la superioridad del sistema socialista frente al sistema capitalista.

IV

La República Dominicana

Al este de Cuba, la República Dominicana comparte con Haití la isla que Colón llamó La Española. Haití quiere decir "tierra de montañas". La Española es una isla montañosa. La República Dominicana es hispanoamericana pero Haití no: es una república de origen francés y africano, donde predomina una población negra que vive en la ignorancia y en la miseria.

La República Dominicana, en el este de La Española, es una nación de cinco millones de habitantes. Casi todos los dominicanos son mulatos, producto de la unión de negros y blancos. Pero los dominicanos no aceptan que son negros en parte. Prefieren no recordar uno de los episodios más trágicos de su historia: la brutal dominación de Haití. Al declararse independiente de España, la República Dominicana fue ocupada por las fuerzas negras haitianas en 1822, y los dominicanos fueron víctimas de una cruel tiranía durante 22 años.

En área, la República Dominicana es dos veces más grande que el estado norteamericano de New Hampshire, pero muy pocos dominicanos viven en las regiones montañosas de la república. Los lugares de mayor actividad son las ciudades de las llanuras: Santo Domingo en el sur y Santiago de los Caballeros en el norte, en la región más fértil de la república. Aquí la tierra es excelente y el agua abundante, no como en México. La República Dominicana exporta azúcar y otros productos agrícolas a los Estados Unidos.

llanura: plain, low-land

LA REPÚBLICA DOMINICANA

Nombre oficial: República Dominicana
Área en millas²: 18.816
Población total
            1969:   4.174.000
            1980 (estimada):   6.174.000
            Crecimiento anual: 3,6%
            Grupo étnico predominante: mulato
Analfabetismo: 35%
Nombre y adjetivo de nacionalidad: dominicano, -a
Ciudad capital: Santo Domingo
Población capitalina: 670.000
Principal producto de exportación: azúcar
Principales compradores: Estados Unidos, Inglaterra

Santo Domingo es un puerto en la costa sur y la capital de la república. Tiene casi 500.000 personas y los restos de Cristóbal Colón que están en la Catedral. La ciudad fue fundada por su hermano, Bartolomé, en el año 1496. Tiene el honor de ser la ciudad de fundación española más antigua del Nuevo Mundo. En Santo Domingo también está la universidad más antigua del Nuevo Mundo, fundada en 1538.

restos: remains

En el siglo presente los *marines*[2] norteamericanos han invadido la República Dominicana en varias ocasiones. La última vez fue 1965, como resultado de una rebelión popular contra el gobierno militar que 5 en aquel año mandaba en la isla. Juzgando muy seria la situación y creyendo que esta rebelión era para establecer en las Antillas otro régimen comunista como el de Cuba, el presidente Lyndon B. Johnson inmediatamente ordenó desde Washington el des-10 embarco de los *marines* en la República Dominicana. Numerosos gobiernos hispanoamericanos criticaron la acción del presidente Johnson, pero los *marines* permanecieron en la isla hasta 1967.

Puerto Rico

La isla de Puerto Rico fue descubierta por 15 Colón en su segundo viaje y conquistada por Juan Ponce de León, el mismo español que años más tarde descubrió la península de la Florida. Puerto Rico es la más pequeña y la más oriental de las Antillas hispanoamericanas. Está a unas 900 millas al sureste de 20 la Florida, y tiene casi tres millones de habitantes. San Juan, la capital, es una ciudad dinámica y cosmopolita. La arquitectura colonial en la parte antigua de la ciudad contrasta marcadamente con el estilo moderno de los nuevos hoteles construidos a la orilla 25 del mar.

Como resultado de la Guerra de 1898, Puerto Rico depende políticamente de los Estados Unidos. Entre esta nación y la isla existe una relación muy especial. Puerto Rico no es una colonia en el sentido 30 tradicional ni tampoco un estado como Hawaii. Para describir la posición particular de Puerto Rico, en inglés oficialmente se dice que la isla es un *Commonwealth.* Los puertorriqueños son ciudadanos de los

---

[2] The use of "marines" prevails among the Spanish-speaking people of the Caribbean and Central America. Language academicians, however, argue that this term can be appropriately translated as *infantería de marina* (Navy's Infantry).

PUERTO RICO

Nombre oficial: Estado Libre Asociado de Puerto Rico
Área en millas²: 3.435
Población total
   1969:   2.754.000
   Crecimiento anual: 2,2%
   Grupo étnico predominante: blanco
Analfabetismo: 26%
Nombre y adjetivo de nacionalidad: puertorriqueño, -a
Ciudad capital: San Juan
Población capitalina (área metropolitana):   800.000

Estados Unidos pero no votan en las elecciones presidenciales ni pagan impuestos federales. Los muchachos puertorriqueños, sin embargo, están sujetos al servicio militar. En el Congreso de los Estados Unidos, Puerto Rico está representado por un Comisario Residente, o *Resident Commissioner,* que tiene voz pero no voto.

  En español el nombre oficial de Puerto Rico es "Estado Libre Asociado". Nadie comprende exactamente lo que quiere decir la expresión: Puerto Rico no es un estado ni es políticamente libre. Los puertorriqueños están divididos en tres partidos: los que

impuesto: tax

desean la continuación de la situación presente; los que desean la independencia de la isla; y los que desean la anexión como un estado de la Unión. Los partidarios de la independencia forman el grupo menos numeroso; la mayoría de los puertorriqueños se dan cuenta de que sus relaciones con los Estados Unidos han sido favorables para la modernización de la isla.

Económica y socialmente el progreso de Puerto Rico ha sido mayor que el de varias naciones de Centroamérica y el Caribe. Sin embargo, muchos son los puertorriqueños que han tenido que emigrar a los Estados Unidos por falta de oportunidades de trabajo en la isla. Estas opotunidades no son suficientes porque Puerto Rico está sobrepoblado, con una densidad de casi 800 habitantes por milla cuadrada.

PARTE TERCERA

LOS ANDES

Izquierda: "El Cristo de los Andes", símbolo de paz entre Chile y la Argentina. *Derecha:* fiesta en los Andes bolivianos. *Abajo:* indios y llamas en una calle de Cuzco, Perú. Las sólidas murallas son restos de palacios incas.

Arriba: "La familia presidencial" (1967), obra del pintor colombiano Francisco Botero. Representa la alianza entre la Iglesia Católica, las fuerzas armadas y la oligarquía civil, poderes que tradicionalmente han controlado la política de muchas naciones hispanoamericanas. *Abajo:* Caracas, la moderna capital de Venezuela.

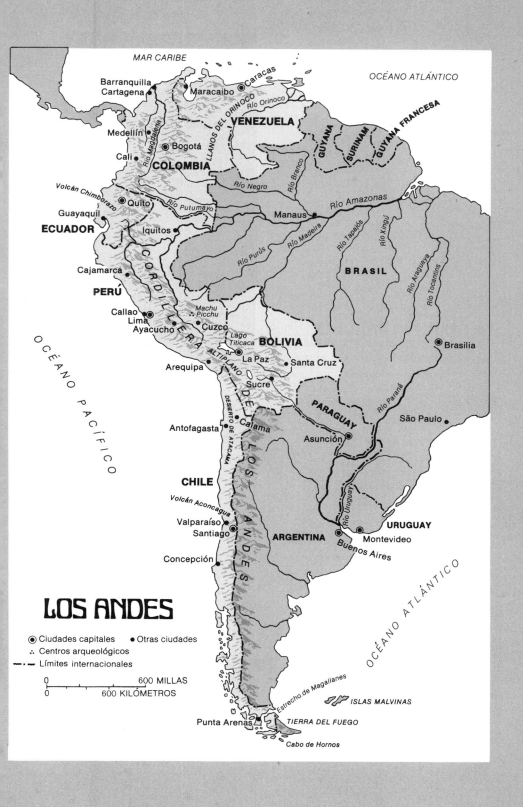

MAR CARIBE

OCÉANO ATLÁNTICO

Barranquilla
Cartagena
Maracaibo
Caracas

VENEZUELA

Río Orinoco

LLANOS DEL ORINOCO

Medellín
Bogotá

Cali

COLOMBIA

GUYANA

SURINAM

GUYANA FRANCESA

Río Magdalena

Volcán Chimborazo

Quito

Río Putumayo

Río Negro

Río Branco

Río Amazonas

Manaus

Guayaquil

ECUADOR

Iquitos

Río Purús

Río Madeira

Río Tapajós

Río Xingú

BRASIL

Río Araguaya

Río Tocantins

Cajamarca

PERÚ

CORDILLERA

Callao
Lima
Ayacucho

Machu
Picchu
Cuzco

Arequipa

ALTIPLANO

Lago
Titicaca

BOLIVIA

La Paz

Santa Cruz

Brasilia

OCÉANO PACÍFICO

Sucre

DE

Antofagasta

DESIERTO DE ATACAMA

Calama

PARAGUAY

Río Paraná

São Paulo

Asunción

LOS

CHILE

Volcán Aconcagua

Valparaíso
Santiago

ANDES

Río Uruguay

URUGUAY

Concepción

ARGENTINA

Buenos Aires

Montevideo

LOS ANDES

◉ Ciudades capitales   ● Otras ciudades
∴ Centros arqueológicos
—·— Límites internacionales

0   600 MILLAS
0   600 KILÓMETROS

Estrecho de Magallanes

ISLAS MALVINAS

OCÉANO ATLÁNTICO

Punta Arenas

TIERRA DEL FUEGO

Cabo de Hornos

Derecha: Simón Bolívar, héroe de la independencia suramericana. *Abajo:* el lago de Maracaibo, principal centro productor de petróleo en Venezuela.

Manifestación de estudiantes universitarios, Quito, Ecuador. Ésta se organiza anualmente para denunciar el acuerdo internacional en Rio de Janeiro, por el cual Ecuador tuvo que ceder parte de su territorio al Perú.

Altar de una iglesia colonial, Quito, Ecuador.

Arriba: pescadores peruanos. *Abajo, izquierda:* campesino chileno. *Abajo, derecha:* pectoral precolombino, Museo del Oro, Bogotá, Colombia.

COLOMBIA Y VENEZUELA

I

El norte de la América del Sur es la región de "El Dorado". Al principio este nombre, que literalmente quiere decir *the gilded one,* fue usado para describir a un rey indio que, de acuerdo con los españoles, celebraba anualmente una enigmática ceremonia religiosa, bañándose en un lago con el cuerpo cubierto de polvo de oro. Los españoles no sabían de dónde venía este rey misterioso, pero el rumor de su existencia creó más tarde la leyenda de que en algún lugar inexplorado había una ciudad fabulosamente rica. Y así fue como el nombre de "El Dorado" perdió su uso original, convirtiéndose en el nombre de la ciudad legendaria más famosa del Nuevo Mundo.

En busca de la fabulosa ciudad de El Dorado los españoles organizaron varias expediciones que exploraron el norte de la América del Sur, región donde hoy están las repúblicas hispanoamericanas de Colombia y Venezuela. Los españoles nunca encontraron la fabulosa ciudad que buscaban, pero en el Museo del Oro de la ciudad de Bogotá hoy podemos admirar la más fantástica colección de trabajos

polvo: dust

convertirse: to turn into, to become

busca: search

Capitolio de Caracas, Venezuela. La monumental pintura representa una de las victorias militares de Simón Bolívar.

ornamentales hechos en oro por los indios de la región antes de la llegada de los españoles. Después de visitar el Museo del Oro es difícil decidir si El Dorado es una fantasía creada por la imaginación de los conquistadores, o parte de una misteriosa realidad prehispánica.

Colombia

Colombia es la única república de la América del Sur que tiene costas en el Mar Caribe y en el Océano Pacífico. Las costas del Caribe siempre han sido más importantes que las costas del Pacífico porque representan la salida de Colombia hacia Norteamérica y Europa. En el Caribe el viejo puerto de Cartagena es una ciudad amurallada, como las viejas ciudades medievales. Fundada en 1533, Cartagena llegó a ser con el tiempo un activo puerto colonial y el centro militar más importante de España en las costas del Caribe. Las murallas que rodean la ciudad son parte de las instalaciones construidas por los españoles para la defensa de la ciudad contra los frecuentes ataques de los barcos piráticos de Francia e Inglaterra.

amurallada: walled

rodear: to surround

Actualmente Cartagena es un lugar de gran interés histórico y turístico, pero comercialmente no es tan importante como el moderno puerto de Barranquilla que también está en el Caribe, al norte de Cartagena. Barranquilla es el puerto más activo de Colombia. Desde allí se exporta a Norteamérica y Europa uno de los principales productos de la república: el café. Colombia es la república hispanoamericana que produce más café, y gracias a un vigoroso programa de publicidad, el café colombiano se conoce en todo el mundo. Las plantaciones están principalmente en las laderas de las montañas que hay en el interior de la república, y el café que se exporta es transportado hasta Barranquilla por el río Magdalena.

publicidad: advertising

II

En área, la república de Colombia es casi tres veces más grande que el estado norteamericano de California. Durante la época colonial el actual territorio colombiano se llamaba la Nueva Granada. Este nombre le fue dado el explorador y conquistador Gonzalo Jiménez de Quesada en honor a la ciudad española de Granada, donde había nacido. La Nueva Granada llegó a ser una región mucho mayor de lo que hoy es Colombia, pues también incluía a las actuales repúblicas de Panamá, Venezuela y Ecuador.

El nombre "Colombia", en honor a Cristóbal Colón, es relativamente reciente. Cuando la Nueva Granada se declaró independiente de España en 1819 se formó una federación con el nombre de "la Gran Colombia". Fue una federación débil que fracasó muy pronto, dividiéndose en las tres repúblicas de hoy: Colombia, Venezuela y Ecuador. Más tarde Colombia sufrió otra fragmentación al ocurrir la separación de Panamá.

El interior del actual territorio colombiano es mitad montañas y mitad llanuras. En las llanuras, al este de la república, sólo vive un dos por ciento de la población. En total Colombia tiene 20 millones y medio de habitantes, y casi toda la gente vive en las costas y en la parte montañosa. Las montañas están en el oeste de la república y son parte de la monumental Cordillera de los Andes. Estas imponentes montañas son responsables del aislamiento de muchas ciudades **aislamiento:** isolation colombianas del interior, incluso Bogotá, la capital de la república. Fue fundada por Jiménez de Quesada en 1538, y durante la época colonial fue la capital de la Nueva Granada. Bogotá no es una ciudad frívola, tolerante, alegre y relajada; ni de cielo azul y mucho **relajado:** lax sol, como son las ciudades del Caribe. Es, al contrario, una ciudad de cielo gris donde no hay sol; seria, rígida, formal, reservada, conservadora y triste. Es tal vez la ciudad hispanoamericana que está más cerca de la tradición española, la ciudad donde la

COLOMBIA

Nombre oficial: República de Colombia
Área en millas²: 439.513
Población total
       1969:   20.463.000
       1980 (estimada):   27.289.000
       Crecimiento anual: 3,2%
       Grupo étnico predominante: mestizo
Analfabetismo: 27%
Nombre y adjetivo de nacionalidad: colombiano, -a
Ciudad capital: Bogotá
Población capitalina (área metropolitana):   2.540.000
Principal producto de exportación: café
Principales compradores: Estados Unidos, Alemania (RF)

influencia de la cultura norteamericana se siente
menos.

Colombia tiene fama de ser la república más
católica de las Américas y la república donde se
habla el mejor español. Se dice que Bogotá es la
"Atenas de América" porque entre los colombianos
hay una clase aristocrática que lee mucho y posee
un nivel cultural e intelectual muy alto.

En la vida diaria, el aristócrata de Bogotá expresa su posición de muchas maneras. Vive en una mansión elegante, es miembro del club social más distinguido y colecciona buenos libros y objetos de arte. Es un hombre que viste impecablemente y que estima el arte de la conversación y las reuniones con los amigos. Este hombre considera que el trabajo manual no es para caballeros y sabe que en generaciones anteriores los miembros de su familia fueron conquistadores o héroes de la independencia, hombres de letras u oficiales de las fuerzas armadas, funcionarios del gobierno o de la Iglesia.

vestir: to dress

El aristócrata de Bogotá respeta sólo a la mujer que es dueña de casa y que no tiene otras aspiraciones. La ocupación tradicional de ella ha sido vivir dedicada a la supervisión de las actividades domésticas. Bajo sus órdenes, dos, tres, o más criadas limpian la casa, cuidan a los niños, preparan la comida y lavan la ropa. En general la mujer hispanoamericana de clase alta ha seguido esta vida formal durante muchos años, pero aun en una ciudad tan conservadora como Bogotá, la situación está cambiando. Las muchachas de las nuevas generaciones quieren ser profesionales. Van a la universidad y estudian con los muchachos una carrera en ciencias, leyes, arquitectura o medicina. Estas actividades están destruyendo viejas costumbres. Antes las muchachas solteras no salían de su casa sin la compañía de un chaperón. Si la muchacha salía sola, ponía en peligro su reputación y la de la familia. Hoy las muchachas comienzan a tener un poco de libertad, y por esta razón, el *dating* norteamericano está popularizándose, aunque todavía hay muchos padres de familia que no permiten a sus hijas imitar esta costumbre prevalente en Estados Unidos.

dueña de casa: lady of the house

soltero: single (not married)
poner en peligro: to endanger

La poesía es el género literario más popular y admirado en Colombia, pero actualmente ningún poeta colombiano es tan famoso como el ensayista Germán Arciniegas y el novelista Gabriel García Márquez. Arciniegas es conocido por sus interpretaciones de la historia hispanoamericana y por sus artículos cortos que aparecen en las páginas literarias de varios periódicos. García Márquez es conocido por su novela *Cien años de soledad,* publicada en 1967. Es una novela que revela la vitalidad de la literatura hispanoamericana actual.

periódico: newspaper
soledad: solitude

Cien años de soledad es la historia de la familia Buendía que vive en un pequeño pueblo colombiano llamado Macondo. Como los Buendía son una familia excéntrica y Macondo es un pueblo legendario, la novela revela un mundo encantado donde todo es posible. Los Buendía son al mismo tiempo seres sobrenaturales y seres humanos, víctimas de la violencia política, la explotación económica, la soledad y la mortalidad del hombre.

encantado: enchanted

ser: being

Después de su publicación en español, *Cien años de soledad* también apareció en francés, inglés, alemán e italiano. En todas partes del mundo la imaginación fantástica de García Márquez ha seducido a los críticos literarios y al público en general. Al recomendar este libro al público norteamericano un crítico del periódico *The New York Times* ha escrito: *"You emerge from this marvelous novel as if from a dream, the mind on fire".*

III

Venezuela

Uno de los lugares de Hispanoamérica donde hay mucha influencia norteamericana es Venezuela, república que está al este de Colombia. Entre Venezuela y Estados Unidos existen relaciones especiales porque varias compañías norteamericanas explotan la gran riqueza mineral de Venezuela que consiste principalmente en petróleo y mineral de hierro. En Venezuela operan compañías como la Standard Oil de New Jersey, la U.S. Steel y la Bethlehem Steel.

mineral de hierro: iron ore

La república es un poco más grande que el estado norteamericano de Texas, pero casi toda la gente vive en el norte, en sólo una cuarta parte del área del país. Después de los Estados Unidos y Rusia, Venezuela es el mayor productor de petróleo en todo el mundo, y gracias a esta industria, la prosperidad de Venezuela no tiene comparación en toda Hispanoamérica. Los mayores centros de producción están en el oeste donde está el lago de Maracaibo, el más grande de Hispanoamérica. Sin embargo, un lago como el Michigan es cuatro veces mayor.

Cuando los españoles descubrieron en el siglo XVI el lago de Maracaibo, había unos indios miserables que vivían primitivamente en casas que se elevaban sobre el agua. Para ir de una casa a otra los indios usaban canoas. Cuando los españoles vieron esto dijeron que el lugar se parecía a la ciudad italiana de Venecia y, como resultado de tal exageración, la región recibió el nombre "Venezuela", que quiere decir "pequeña Venecia".

Después de cuatro siglos, la vista que ofrece el lago de Maracaibo ha cambiado radicalmente: hoy se elevan sobre el agua miles de torres de perforación. Estas torres son el origen de la Venezuela moderna y revelan que la nación produce grandes cantidades de petróleo. Sin embargo, los expertos estiman que el petróleo venezolano se va a terminar en la próxima década, es decir, en los años 80.

torre de perforación: oil derrick

Para evitar el desastre económico que ocurriría en una Venezuela sin petróleo, los venezolanos están "sembrándolo". "Sembrar el petróleo" es una expresión popular en Venezuela. Literalmente ésta quiere decir *to sow the oil,* pero los venezolanos la usan para indicar que con el dinero obtenido del petroleo el gobierno está financiando el desarrollo de otros sectores de la economía y de otras grandes industrias que posiblemente van a ser tan importantes como el petróleo. En el futuro Venezuela va a continuar tan industrializada como ahora, pero los centros de producción van a cambiar; van a ser los lugares donde hoy hay enormes depósitos de mineral de hierro.

ocurriría: (conditional of **ocurrir**) would occur

VENEZUELA

Nombre oficial: República de Venezuela
Área en millas²: 352.143
Población total

        1969:   10.035.000
        1980 (estimada):   14.848.000
        Crecimiento anual: 3,5%
        Grupo étnico predominante: mestizo
Analfabetismo: 24%
Nombre y adjetivo de nacionalidad: venezolano, -a
Ciudad capital: Caracas
Población capitalina: 2.118.000
Principal producto de exportación: petróleo
Principales compradores: Estados Unidos, Alemania (RF), Inglaterra

En los últimos años los gobiernos venezolanos no sólo han demostrado la capacidad de prever el futuro. También han introducido una serie de reformas sociales y económicas para beneficio de la población en general. Gracias a las grandes cantidades de dinero que las compañías petroleras pagan al gobierno en derechos e impuestos, también ha

prever: to foresee

derechos: royalties

sido posible realizar un vasto programa de obras y servicios públicos: casas, escuelas y hospitales para los trabajadores. Sin embargo, no ha sido posible evitar los ataques de los grupos extremistas que demandan la expropiación de las compañías extranjeras por el gobierno. Venezuela es una de las pocas repúblicas hispanoamericanas donde la industria del petróleo no ha sido nacionalizada y los críticos marxistas consideran que la nación vive económicamente dominada y explotada por Wall Street. Las personas que creen en las consignas de la propaganda antinorteamericana consideran que esta famosa calle de la ciudad de Nueva York es el centro de operaciones del "imperialismo yanqui"; en otras palabras, el centro desde donde los grandes intereses industriales, comerciales, financieros y bancarios de los Estados Unidos controlan las actividades políticas y económicas de las naciones hispanoamericanas, con la excepción de Cuba.

IV

En la parte central de Venezuela están los llanos del Orinoco, *the Orinoco Prairies,* tradicionalmente conocidos como una región de haciendas de ganado. El Río Orinoco y sus tributarios son parte de la geografía de estas tierras tropicales, dominadas por la sequía en el verano y las inundaciones en el invierno. En las haciendas de ganado viven y trabajan los llaneros, *cowboys* venezolanos que en la historia y el folklore de la nación aparecen como hombres bárbaros y violentos. Durante las guerras de independencia los llaneros lucharon ferozmente, primero en las fuerzas españolas y después contra éstas, en favor del movimiento libertador. Los llaneros también están presentes en las novelas de Rómulo Gallegos, quien es el más popular y el más aclamado de los escritores venezolanos, gracias a su novela *Doña Bárbara.* Esta novela, publicada en 1929, es una de las obras clásicas

ganado: cattle

sequía: drought
inundación: flood

de la literatura hispanoamericana y presenta la vida en los llanos como una lucha entre la civilización y la barbarie.

barbarie: barbarism

En la actualidad muchos llaneros han abandonado los llanos para ir a trabajar a los centros petroleros y a las ciudades, especialmente a Caracas, la capital venezolana. Caracas está en el norte, cerca del Caribe. En esta ciudad viven dos millones de personas y en el resto de la república, ocho. Caracas es admirable por su arquitectura moderna. Hay muchos edificios nuevos gracias a la prosperidad económica derivada del petróleo. El Centro Simón Bolívar, con sus dos altas torres, es el ejemplo más conocido de la nueva arquitectura de Caracas. Es un edificio imponente, digno de tener el nombre de uno de los grandes héroes de la independencia suramericana.

digno: worthy

Simón Bolívar nació en Caracas en 1783, hijo de una familia aristocrática, dueña de grandes extensiones de tierra. Bolívar fue un hombre idealista y práctico; romántico y realista; cruel y noble. Con esta combinación de características atacó vigorosamente a España, tanto con la pluma como con la espada: fue un escritor prolífico y un militar genial al servicio de la causa libertadora. Escribió manifiestos, cartas y declaraciones, y organizó ejércitos con gente de todas partes, incluso europeos que eran veteranos de las guerras napoleónicas. El general Miller, uno de los muchos europeos que después de luchar contra Napoleón participaron en las guerras de independencia como miembros de las fuerzas libertadoras, ofrece en sus memorias una descripción bastante exacta de Bolívar. *"He is a very bold rider"*, dice Miller, *"and capable of undergoing great fatigue. . . . His voice is loud and harsh but he speaks eloquently on all subjects."* Bolívar es en la actualidad uno de los pocos hombres que tiene fama continental por sus ideas políticas, su dedicación a la libertad del Nuevo Mundo y sus victorias militares. Como libertador de las actuales repúblicas de Venezuela, Colombia, Ecuador, Perú y Bolivia, es un héroe multinacional.

genial: of genius

Bolívar hubiera preferido una América política-mente unida. Y por esta razón, al declarar la independencia de España, también declaró la formación de "la Gran Colombia", es decir, la federación que en 1830 se dividió en las tres repúblicas de Colombia, Venezuela y Ecuador. Bolívar murió tres meses después de la disolución de la Gran Colombia. Y no tenía amigos, sino enemigos: los ideales políticos de Bolívar estaban en oposición a las ambiciones personales de los nuevos líderes.

hubiera preferido:
(past perfect subjunctive of **preferir**) would have preferred

10

LOS CONTRASTES GEOGRÁFICOS

I

Los suramericanos obtuvieron la independencia de España gracias a hombres como Simón Bolívar y después de una serie de batallas que tuvieron lugar en diferentes partes de la Cordillera de los Andes. Para los ejércitos libertadores cada victoria militar significó estar más cerca de Lima, el centro del dominio español. Lima es hoy la capital del Perú, y sus iglesias y palacios coloniales son testimonio de la opulencia de la época. Fue fundada por Francisco Pizarro, conquistador del Perú, quien la llamó "la ciudad de los reyes".

Hacia Lima avanzaron las fuerzas de Simón Bolívar y también las fuerzas de otro gran libertador, el argentino José de San Martín. Bolívar atacó desde el norte, liberando Venezuela, Colombia y Ecuador. San Martín atacó desde el sur, con un ejército que, organizado en la Argentina, cruzó los Andes, liberó a Chile y llegó al Perú. En el Perú las fuerzas de San Martín atacaron primero y las fuerzas de Bolívar continuaron el ataque hasta obtener la victoria definitiva. Fue una lucha contra las fuerzas españolas y

tener lugar: to take place

Cazador primitivo en la selva del Amazonas.

también contra las fuerzas de la naturaleza, como en la invasión napoleónica de Rusia. En efecto, se dice que el invierno ruso fue el enemigo invencible de Napoleón. En la América del Sur hubo soldados que murieron cruzando los Andes de batalla en batalla, víctimas de la altura y el frío, y no de las fuerzas españolas. En lugares donde el aire tiene menos oxígeno y las nieves son eternas, los ejércitos libertadores tuvieron que resistir heroicamente.

naturaleza: nature

nieve: snow

Los Andes ocupan el oeste de la América del Sur y una posición prominente en la geografía mundial: sólo las montañas del Asia (los Himalayas) son más altas que los Andes. Esta monumental cordillera que se extiende por más de 4.000 millas representa una fuerza geográfica que ha dificultado la explotación de recursos naturales, el establecimiento de vías de comunicación y el desarrollo de la agricultura. La parte norte de la cordillera está en Colombia y Venezuela; la parte central, en Ecuador, Perú y Bolivia; y la parte sur, en Chile y Argentina, donde la cordillera marca el límite territorial entre estas dos repúblicas. En total, los Andes están presentes en siete de las nueve repúblicas hispanoamericanas de la América del Sur, aunque la Argentina no está considerada como una república andina.

El volcán Aconcagua, en la república de Chile, es el pico más alto de los Andes. A una elevación de 22.835 pies sobre el nivel del mar (más de cuatro millas), este volcán representa un obstáculo para los aviones y una tentación para los andinistas, *the mountain climbers of the Andes*. Desde que en 1897 el suizo Mathias Zürbriggen conquistó su nevada cima, muchas expediciones han querido hacer lo mismo y como la mitad han fracasado. Muchas han sido víctimas de las avalanchas, las tormentas eléctricas y el "soroche", desequilibrio físico y mental que a tales alturas causa la falta de oxígeno.

suizo: Swiss
nevado: snow-covered
fracasar: to fail
tormenta: storm

Sólo en el siglo presente ha sido posible comenzar a luchar contra la formidable barrera que los Andes representan para las comunicaciones. Cuando todavía no había aviones era muy difícil el transporte entre dos lugares de una misma república si éstos estaban separados por la cordillera. Con el propósito de romper este aislamiento, la primera línea aérea del Nuevo Mundo fue fundada en Colombia en 1919 por un grupo de inversionistas alemanes en colaboración con colombianos. La SCADTA (Sociedad colombo-alemana de transportes aéreos) existió hasta la Segunda Guerra Mundial, cuando el gobierno colombiano, como aliado de los Estados Unidos, confiscó la compañía por razones estratégicas: la SCADTA habría facilitado un ataque al Canal de Panamá por la fuerza aérea alemana. La SCADTA dejó de existir para convertirse en la línea aérea que hoy se llama AVIANCA. Es una compañía del gobierno colombiano y la Pan American Airways.

romper: to break

habría facilitado: (conditional perfect of **facilitar**) would have facilitated

II

Los Andes separan las costas del Pacífico del interior del continente que, desde Colombia hasta Bolivia, consiste en una enorme selva que se extiende hacia el Atlántico. Es un denso bosque tropical excesivamente caluroso y húmedo donde vive muy poca gente. De manera que, si los Andes son una barrera que está a lo largo del Pacífico, la selva es otra barrera que se extiende entre el norte y el sur del continente, perpendicularmente a las montañas. Con la excepción de Chile, todas las repúblicas andinas son en parte montañosas y en parte selváticas. Esta circunstancia las hace poseer una geografía grotesca en sus extremos y brusca en sus cambios. En las montañas hace mucho frío, pero en las selvas hace mucho calor. En las montañas la vegetación es excesivamente pobre, pero en las selvas es excesivamente abundante. En las montañas casi no hay animales, pero en las selvas hay una gran variedad. El turista que visita Colombia, Ecuador, Perú o Bolivia puede admirar dos mundos completamente diferentes: el mundo de las tierras altas y el mundo de las tierras bajas.

a lo largo de: along

LAS ISLAS HISPANO-AMERICANAS DEL PACÍFICO

En el Océano Pacífico, a gran distancia del continente, existe una fracción de Hispanoamérica: islas que son remotas y misteriosas.

1. *Las Galápagos.* Este grupo de islas pertenece al Ecuador y está al oeste de la república, a unas 600 millas de la costa. En las Galápagos hay animales y plantas que no existen en ningún otro lugar del mundo. Hay, por ejemplo, tortugas gigantescas e iguanas que parecen monstruos prehistóricos. Periódicamente se organizan misiones científicas para visitar este extraordinario mundo natural, y hasta la fecha, el visitante más importante ha sido Charles Darwin. Este famoso naturalista inglés expuso su teoría sobre el origen de las especies después de observar y estudiar la vida animal y vegetal que existe en las Galápagos.

2. *Juan Fernández.* A unas 380 millas al

tortuga: turtle

En la selva la naturaleza aparece como el más invencible enemigo del hombre, y la expresión "infierno verde" se usa para describir esta región donde el calor y la lluvia son excesivos. En *La vorágine,* una novela del escritor colombiano José Eustasio Rivera, aparecen descripciones de lugares que son ideales

infierno: hell

oeste del puerto de Valparaíso, Chile, las islas chilenas de Juan Fernández son otra atracción singular. La más grande de estas islas es conocida como la residencia del marinero escocés Alexander Selkirk. Selkirk hizo su casa en una cueva y vivió en esta isla más de cuatro años. Cuando regresó a Londres, sus aventuras en Juan Fernández inspiraron a Daniel Defoe para escribir su famosa novela *Robinson Crusoe*. Hoy la isla donde vivió Selkirk también se llama Robinson Crusoe, y allí viven unos 700 pescadores.

marinero: sailor

pescador: fisherman

3. *La Isla de Pascua.* En los Estados Unidos esta isla es conocida como *Easter Island*. Está a más de 2.000 millas al oeste de Chile y también pertenece a esta república, aunque geográficamente es una isla polinesia. Los antropólogos y argueólogos han querido descubrir el origen de las largas y misteriosas cabezas monolíticas que existen en esta isla. El antropólogo noruego Thor Heyerdahl cree que estas cabezas son la obra de un pueblo precolombino que llegó a la isla procedente del Perú. Para demostrar esta posibilidad, en 1947 Heyerdahl hizo un viaje en la balsa "Kon-Tiki" y más tarde publicó el fascinante libro que se refiere a esta expedición.

procedente: coming from

balsa: raft

para las almas condenadas al infierno y donde el diluvio universal es castigo de todos los días. En la selva también hay una gran variedad de insectos: verdaderos ejércitos invasores que destruyen plantaciones y transmiten infecciones; y que, en la novela de Rivera, terminan devorando a los personajes.

alma: soul

diluvio: flood

La incorporación de la selva a la civilización constituye una nueva conquista que realiza el hombre moderno de este siglo. Desde los años 50 la selva ha comenzado a transformarse de la visión devoradora de Rivera en una región donde el hombre puede vivir sin dificultades. Los tractores, los nuevos productos químicos, el aire acondicionado, los helicópteros y los adelantos médicos están contribuyendo a la incorporación de la selva al mundo civilizado. Y de esta manera, partes de la selva se están urbanizando, progreso que causa gran desconsuelo entre los conservacionistas.

adelanto: advancement

desconsuelo: dismay

Todo el mundo está invitado a explorar y a colonizar la selva. Así han llegado muchos hombres con una imaginación y una determinación formidables. Desde Colombia, un norteamericano exporta gran cantidad de monos a los laboratorios donde se hacen investigaciones médicas y psicológicas. En el Perú, dos antropólogos norteamericanos tienen un hotel para turistas cansados de ir a lugares comunes. Y también en el Perú, un médico alemán ha fundado un hospital como el de Albert Schweitzer en África. De hecho, ese centro de salud se llama "Albert Schweitzer" y atiende anualmente a más de 2.000 pacientes, indios de tribus primitivas que han vivido en la región por siglos y siglos.

mono: monkey

atender: to take care of

El proceso de la incorporación de la selva a la civilización es más rápido cada año, pero mientras tanto, la selva es todavía una región que está fuera de la historia nacional de las repúblicas andinas. Los episodios que son parte de la formación de estas naciones han tenido lugar en las tierras altas. Aquí es donde están las misteriosas ruinas prehispánicas y las encantadoras ciudades coloniales. Durante los últimos siglos antes de la llegada de los españoles el imperio de los indios incas llegó a dominar los Andes. Pero, en marcado contraste con estos indios de las tierras altas, en las tierras bajas orientales viven tribus primitivas que todavía no han sido incorporadas a ningún tipo de civilización avanzada. Éstos son indios que todavía viven en una edad prehistórica, cazando animales y recogiendo frutos. Algunos de estos indios son pacíficos, pero otros resisten feroz-

mientras tanto: in the meantime

cazar: to hunt
recoger: to collect, pick up

mente la penetración del hombre blanco al territorio que consideran suyo. Los indios jívaros del Ecuador, por ejemplo, son famosos por la costumbre de reducir las cabezas de sus enemigos al tamaño de una naranja y conservarlas momificadas. Hoy en día parece que estos indios se están extinguiendo, o por lo menos, que ya no practican esta costumbre.

naranja: orange
por lo menos: at least

11

LAS REPÚBLICAS ANDINAS DEL PACÍFICO

I

La estatua del "Cristo de los Andes", cerca del volcán Aconcagua, es un símbolo de paz entre las repúblicas de Chile y la Argentina. Esta estatua, solemnemente dedicada en 1904, conmemora el acuerdo que fija los límites territoriales entre las dos repúblicas. Pero el "Cristo de los Andes" es también un monumento que hace recordar uno de los aspectos más tristes de la historia hispanoamericana: el de las disputas fronterizas. Desde la independencia estos conflictos han sido frecuentes en toda Hispanoamérica. Algunos de los más trágicos han ocurrido entre las repúblicas de Ecuador, Perú, Bolivia y Chile. Estas cuatro repúblicas, que comparten la Cordillera de los Andes al sur de Colombia, se orientan hacia el Pacífico, aunque Bolivia es una nación mediterránea, es decir, una nación que no tiene costas.

paz: peace

fronterizo: (adjective) border

Mineros chilenos jugando fútbol.

Ecuador

En la universidad norteamericana de Yale, unos estudiantes que se preparaban para ir a las repúblicas andinas como miembros del Cuerpo de Paz le preguntaron a una muchacha del Ecuador sobre el futuro de la república.

cuerpo: corps

—El Ecuador —contestó ella—, va a desaparecer. Colombia, el Brasil y el Perú nos han dejado muy poco, y lo que queda será víctima de nuestra propia selva.[1]

La frase "nuestra propia selva" se puede interpretar literal o metafóricamente. Literalmente se refiere a una de las regiones geográficas de la república; metafóricamente se puede referir a la vida política. La tragedia del Ecuador es que ha tenido muy pocos gobiernos buenos. Por eso ha perdido gran parte de su territorio. Las aspiraciones políticas irracionales de muchos funcionarios de gobierno han sido, como la selva, grandes obstáculos para el desarrollo. La figura política más controversial de la historia ecuatoriana es el dictador Gabriel García Moreno. Los historiadores dicen que es un "déspota jesuítico", y sus numerosos biógrafos atacan o defienden la posición del dictador con mucha pasión. García Moreno quiso convertir al Ecuador en un estado teocrático. Ordenó la muerte de los "infieles",

infiel: unfaithful

limitó los derechos civiles a la población católica practicante y, en 1873, consagró la república al Sagrado Corazón de Jesús. Dos años más tarde García Moreno murió asesinado.

Sagrado Corazón: Sacred Heart

En la época de la independencia Simón Bolívar dijo que el Ecuador era un convento. En efecto, se puede decir que en esa época el Ecuador sí vivía consagrado al Sagrado Corazón, o por lo menos, que

[1] Ecuador seceded from La Gran Colombia in 1830, and at the time its national territory was at least twice as large as it is today, extending eastward as far as Brazil. As a result of repeated border disputes with its neighbors, Ecuador has lost a large portion of its territory primarily to Peru, but also to Brazil and Colombia.

la ciudad colonial de Quito (hoy capital de la república) vivía para expresar en obras de arte su homenaje a Dios. Bajo la dirección de los jesuitas, los arquitectos, pintores y escultores coloniales enriquecieron espléndidamente el patrimonio artístico de la Iglesia. Los jesuitas consideraron que para hacer accesible al indio la gloria de Dios había que representarla en términos gráficos. Por eso se construyeron grandes iglesias y se llenaron de santos, ángeles, vírgenes, flores y toda la ornamentación barroca que el protestantismo considera impropia. Hoy, si un turista visita Quito, es para admirar el esplendor religioso de la época colonial.

La república del Ecuador debe su nombre al ecuador terrestre, y hay que darse cuenta de la diferencia entre "Ecuador" y "ecuador". Cuando se escribe con "E" mayúscula este nombre se refiere a la república, pero cuando se escribe con "e" minúscula se refiere al círculo imaginario que está equidistante de los polos y que divide a la tierra en los hemisferios norte y sur. En el Ecuador, el ecuador pasa al norte de la ciudad de Quito. Su posición fue marcada por una expedición de científicos franceses que visitó la región en 1735 para tomar ciertas medidas de la tierra.

medida: measurement

Por su posición geográfica muchos extranjeros creen que el Ecuador es una república tropical donde hace mucho calor. Sin embargo, el clima ecuatoriano es muy variado, como en todas las repúblicas montañosas de Hispanoamérica que están en la zona tropical. En estas repúblicas la altitud determina en gran parte el tiempo. En las costas siempre hace calor porque están al nivel del mar, pero en las regiones montañosas el tiempo es fresco y por las noches hace frío. Por eso en los puertos como Acapulco, Panamá o Cartagena los doce meses del año son doce meses de verano, pero en casi todas las ciudades que están entre montañas y volcanes (como México, Guatemala, San José o Quito), la primavera es eterna. El tiempo se hace más frío conforme aumenta la altitud, y aun en el mismo Ecuador, que

tiempo: weather

conforme: as (in proportion to)

ECUADOR

Nombre oficial: República del Ecuador
Área en millas²: 104.506
Población total

         1969:   5.890.000
         1980 (estimada):   8.473.000
         Crecimiento anual: 3,4%
         Grupo étnico predominante: indio
Analfabetismo: 32%
Nombre y adjetivo de nacionalidad: ecuatoriano, -a
Ciudad capital: Quito
Población capitalina: 512.000
Principal producto de exportación: bananas
Principales compradores: Estados Unidos, Alemania (RF), Japón

está en medio de la zona tropical, los espectaculares volcanes de la Cordillera de los Andes, como el Chimborazo, están siempre cubiertos de nieve.

    Geográficamente el Ecuador se divide en tres regiones: la costa en el oeste, los Andes en el centro y la selva en el este. De las repúblicas andinas, es la más pequeña. Su área es comparable a la del estado norteamericano de Oregón. En el Ecuador viven casi seis millones de personas, y aproximadamente la

en medio de: in the middle of

mitad son indios. El centro comercial más activo de la república no es Quito, sino el moderno puerto de Guayaquil. Quito y Guayaquil son ciudades rivales. Quito domina la región andina, está a una elevación de 9.000 pies y es el centro de la vida tradicional y contemplativa; Guayaquil domina la región costera, tiene una población mayor que la de Quito y es el centro de la vida moderna y dinámica. La costa al norte y al este de Guayaquil es la región más importante para la economía ecuatoriana que, como la economía de las repúblicas centroamericanas, depende principalmente de los productos del campo. De toda Hispanoamérica el Ecuador es el mayor productor de bananas.

II

Perú

Al sur del Ecuador y Colombia está el Perú. En área es dos veces mayor que el estado norteamericano de Texas; y en comparación con el resto de las repúblicas hispanoamericanas, sólo México y la Argentina tienen un área mayor. En el Perú viven 13 millones de personas, y por la composición étnica de la población y la geografía, esta república se parece al Ecuador. En extensión, las dos regiones más grandes del Perú son la andina y la selva oriental, pero la región de mayor actividad económica es la costa. Hablar de la geografía local con los peruanos puede resultar confuso para la persona que visita la república por primera vez: "sierra" en el Perú es el nombre de la región andina y "montaña", el nombre de la selva oriental.

Una parte considerable de la población peruana vive en la costa. En esta región está el centro urbano más grande, que incluye Lima, la capital, y El Callao, el puerto principal. La costa peruana es una región angosta que se extiende entre el Pacífico y los

Andes, a lo largo de la república. Toda la costa es muy árida, pero a pesar de esto, ofrece una gran variedad de recursos naturales, y su prosperidad económica es mayor cada día. En esta costa se produce casi todo el petróleo de la república, y las tierras áridas se transforman en productivas porque las aguas de los pequeños ríos que bajan de los Andes se usan para irrigar plantaciones de caña de azúcar y algodón. El mar, además, contiene grandes recursos. El desarrollo de la industria pesquera ha alcanzado proporciones fantásticas desde 1940. Hoy el Perú es la nación pesquera más importante del mundo después del Japón.

a pesar de: in spite of

algodón: cotton
pesquera: fishing

En el centro de la república y paralelos a la costa, los Andes peruanos ocupan una porción considerable del territorio nacional. Una de las rutas más dramáticas entre la costa y el interior montañoso es el Ferrocarril Central, entre El Callao y Huancayo. Fue construido bajo la dirección de Henry Meiggs, un aventurero norteamericano que llegó al Perú en 1868. Desde el tren la vista de los Andes es espectacular, y para el turista que quiere vivir las sensaciones producidas por los cambios de altitud, no hay nada como tomar el tren en el puerto de El Callao: el ferrocarril asciende del nivel del mar a una altitud máxima de 15.688 pies, casi tres millas. En la ruta hay más de 60 túneles y cerca de 70 puentes.

En marcado contraste con la costa, el desarrollo económico de los Andes peruanos es precario porque las montañas son un gran obstáculo y no hay recursos naturales en abundancia, con la excepción de algunos metales, siendo el cobre el principal. Cerro de Pasco, a más de 14.000 pies sobre el nivel del mar, es el centro minero más productivo del país.

cobre: copper

El Perú exporta cobre y otros metales, pero para los indios que viven en los Andes peruanos, la agricultura es una actividad más importante que la minería. Los indios cultivan papas. Es el producto principal de la agricultura andina. Hoy las papas se cultivan y se comen en todo el mundo, pero este

papa: potato

PERÚ

Nombre oficial: República del Perú
Área en millas²: 496.223
Población total
        1969:   13.172.000
        1980 (estimada):   18.527.000
        Crecimiento anual: 3,1%
        Grupo étnico predominante: indio
Analfabetismo: 38%
Nombre y adjetivo de nacionalidad: peruano, -a
Ciudad capital: Lima
Población capitalina (área metropolitana):   2.891.000
Principales productos de exportación: cobre, harina de pescado
Principales compradores: Estados Unidos, Alemania (RF), Inglaterra

producto es de origen andino y el nombre "papa" viene del quechua, la lengua de los indios incas. Las papas fueron introducidas en España en la segunda mitad del siglo XVI y los españoles le dieron a este producto el nombre de "patata". En España es común este nombre, pero en toda Hispanoamérica sólo se usa el nombre original, "papa".

En el mundo andino los indios trabajan rudimentariamente y viven pobremente porque la altura limita el desarrollo agrícola. Tampoco existen muchos animales. En algunos lugares hay ganado y ovejas, pero donde la altitud es mayor sólo viven animales como la llama, que es indispensable para los indios. De este animal, ellos obtienen lana, cuero y carne. "Charqui" es el nombre que los peruanos le dan a la carne de llama, salada y secada al sol. Como bestia de carga, la llama no es muy capaz, pero los indios no tienen más remedio que utilizarla.

ovejas: sheep

cuero: leather

salada y secada: salted and dried
bestia de carga: beast of burden

III

Los indios que viven en los Andes descienden de varios pueblos prehispánicos que comenzaron a aparecer en el Perú varios siglos antes de Cristo. El último de estos pueblos fue el de los indios incas, quienes formaron un imperio colosal. A fines del siglo XV el imperio inca dominaba el territorio andino desde el sur de Colombia hasta el norte de Chile, y Cuzco, la capital imperial en los Andes peruanos, era una ciudad de 50.000 habitantes. En toda Hispanoamérica, sólo México tiene una riqueza arqueológica comparable a la peruana. En el Perú se han encontrado objetos de cerámica tan admirables como los del antiguo Egipto, y los centros arqueológicos como Machu Picchu son hoy una gran atracción turística. Machu Picchu, "la ciudad perdida de los incas", fue descubierta en 1911 por el historiador y explorador norteamericano Hiram Bingham. Es una misteriosa ciudad-fortaleza construida por los incas en la cima de una montaña andina.

La conquista de los incas fue realizada por Francisco Pizarro, como jefe de una expedición que salió de Panamá. Pizarro y sus hombres llegaron a Cajamarca, en el norte del Perú, a fines de 1532, y allí capturaron al emperador Atahualpa. Ésta fue la primera gran victoria de los españoles. Un año más tarde, en 1533, cayó Cuzco y, en enero de 1535,

a fines de: at the end of (used only in reference to periods of time)

Pizarro fundó la ciudad de Lima, símbolo del poder español en la América del Sur. La dominación de España terminó en 1824, año de la batalla decisiva de Ayacucho entre las fuerzas españolas y las libertadoras, en esta ocasión bajo el mando de Antonio José de Sucre, gran amigo y compañero de Bolívar.

La historia del Perú es la historia de un pueblo sin poder político, donde las masas han vivido dominadas por una sucesión de minorías privilegiadas, comenzando con los emperadores incas. Éstos fueron remplazados por los españoles quienes, a su vez, fueron remplazados por una oligarquía local después de la independencia. En el Perú moderno un pequeño número de familias locales y una o dos compañías extranjeras han controlado las tierras productivas, creando así un marcado contraste entre un pequeño número de hacendados extremadamente ricos y una gran mayoría de campesinos extremadamente pobres. Por este contraste que existe entre los hacendados y los campesinos, entre los blancos y los indios, entre el mundo cosmopolita que es Lima y el mundo ancestral que es Cuzco, tradicionalmente se ha dicho que el Perú es una nación profundamente dividida en dos partes imposibles de integrar. Varios son los intelectuales y escritores peruanos que en los últimos cien años han denunciado la división social, económica y racial de la nación. La literatura de protesta social inspirada en la realidad peruana (y también en la realidad del Ecuador y de Bolivia) dramatiza la miseria del indio y el campesino y ataca a la oligarquía y los hacendados. Uno de los más famosos creadores de este tipo de literatura es el novelista peruano Ciro Alegría, autor de *El mundo es ancho y ajeno,* novela publicada en 1941. En esta obra Alegría describe cómo la ambición de un hacendado blanco destruye una comunidad de campesinos indígenas.

En los últimos años las tensiones políticas y sociales creadas por la urgente necesidad de reformar las estructuras y las instituciones tradicionales han producido en el Perú un movimiento revolucionario dirigido por las fuerzas armadas. La Revolución Peruana es tan radical como la Revolución Mexicana iniciada en 1910 o la Revolución Cubana de Fidel Castro. Estos dos movimientos revolucionarios llegaron al poder con el apoyo del pueblo, pero no la Revolución Peruana: su origen es un golpe de estado militar que tuvo lugar inesperadamente en octubre de 1968. Ese día, cuando el general Juan Velasco Alvarado asumió el poder, declaró que iba a realizar una revolución, pero nadie lo creyó: tradicionalmente las fuerzas armadas peruanas, y en general las de toda Hispanoamérica, han sido un grupo extremadamente conservador que, como enemigo de los cambios sociales, ha apoyado y defendido los intereses de los hacendados. Hoy, sin embargo, la experiencia peruana ha destruido esta imagen tradicional: el general Velasco ha iniciado un proceso revolucionario imponiendo autoritariamente cambios radicales. La reforma agraria del régimen militar ha nacionalizado las tierras de los hacendados locales y de la W. R. Grace & Co., compañía norteamericana que producía el 17 por ciento del azúcar peruano y era propietaria de tierras por valor de 65 millones de dólares.

apoyo: support
golpe de estado: coup d'etat

Antes de la revolución militar, popularmente se decía que el Perú estaba controlado por cuarenta familias privilegiadas. La información es inexacta pero "pone el dedo en la llaga", *it drives the point home.* El régimen peruano es una dictadura militar que tiene por objeto demostrar que las fuerzas armadas pueden realizar todas las aspiraciones nacionalistas y modernizar a la nación para beneficio de las masas no privilegiadas. Ideológicamente el régimen no ha sido comparado al comunismo, sino al "nasserismo" del Medio Oriente, donde en Egipto el coronel Gamal Abdel Nasser instituyó un socialismo autoritario desde que asumió el poder en 1952 (como resultado de un golpe de estado) hasta su muerte en 1970. Como Nasser, el régimen peruano espera realizar una revolución nacionalista basada en una alianza entre las fuerzas armadas y los trabajadores del campo y de la ciudad.

IV

Bolivia

El actual territorio boliviano pertenecia al Perú durante la colonia y se llamaba "Alto Perú", *Upper Peru*. La república fue creada en 1825 como un homenaje a Simón Bolívar. Por eso el nombre que se le dio fue "Bolivia". Hoy es un país de casi cinco millones de habitantes, y en área es unas cuatro veces mayor que el estado norteamericano de Colorado. Los productos principales de Bolivia son los metales: la plata durante la colonia y el estaño en la actualidad. La explotación de este metal está bajo el control del gobierno. Las minas fueron nacionalizadas en 1953 como resultado de otra revolución similar a la de México y a la que actualmente tiene lugar en el Perú.

plata: silver
estaño: tin

La historia de Bolivia como nación independiente es bastante trágica. Ha tenido pocos gobiernos buenos y, como en el Ecuador, las aspiraciones políticas irracionales de muchos funcionarios de gobierno han impedido el desarrollo de la nación. Uno de los conflictos más desastrosos para Bolivia fue la Guerra del Pacífico (1879–1883), en la cual los bolivianos y los peruanos formaron una alianza para luchar contra los chilenos. Como resultado, la costa que pertenecía a Bolivia hoy es parte del territorio de Chile. Los bolivianos no olvidan su derrota.

derrota: defeat

En Bolivia el derecho a poseer parte de la costa del Pacífico es una aspiración nacionalista que sirve de tema para discursos políticos, celebraciones patrióticas y canciones populares. Todos los años los bolivianos celebran la "Semana del Mar" y en estas ocasiones las melodías favoritas son canciones como una que dice: "Yo quiero un mar, un mar azul para Bolivia". Pero aunque la Semana del Mar es celebrada con gran entusiasmo y tiene por objeto incitar a la recuperación de la costa, Bolivia realmente comprende que no tiene el poder necesario para crear un

recuperación: recovery

BOLIVIA

Nombre oficial: República de Bolivia
Área en millas²: 424.163
Población total

          1969:   4.804.000
          1980 (estimada):   7.064.000
          Crecimiento anual: 2,6%
          Grupo étnico predominante: indio
Analfabetismo: 60%
Nombre y adjetivo de nacionalidad: boliviano, -a
Ciudad capital: La Paz
Población capitalina: 510.000
Principal producto de exportación: estaño
Principales compradores: Estados Unidos, Inglaterra

nuevo conflicto con Chile y obtener la victoria. Bolivia es víctima de su geografía; se ha dicho que la república es el Tibet del Nuevo Mundo.

En Bolivia las proporciones de los Andes también son extraordinarias, más extraordinarias que en el Perú. Los Andes bolivianos llegan a una anchura comparable a la distancia entre las ciudades californianas de Los Ángeles y San Francisco, y la mayor parte de la población boliviana vive en una región

anchura: width

que se llama "el altiplano", una enorme meseta que está a más de dos millas de altitud. A estas alturas el aire tiene menos oxígeno y el clima es excesivamente frío. Casi no hay árboles; tampoco animales. Como en el Perú, los indios que viven en el altiplano dependen de las llamas y las papas. Es una vida difícil y miserable, excepto en los días de fiesta. En los Andes bolivianos (y también en los peruanos), se celebran anualmente varios festivales que duran dos o tres días. En estas ocasiones los indios ofrecen un fascinante espectáculo folklórico que incluye trajes brillantes, bailarines enmascarados que ejecutan danzas misteriosas y músicos que interpretan melodías primitivas. Y mientras dura la fiesta, el indio olvida las condiciones miserables en que vive. Con el poco dinero que tiene, come y se emborracha. Los festivales nacionales de Hispanoamérica, como dice Octavio Paz refiriéndose a México, "sustituyen . . . al teatro y a las vacaciones, al *weekend* y al *cocktail party* de los sajones".

En el altiplano boliviano la ciudad más grande es La Paz, la capital de la república. A una elevación de 12.000 pies, es la ciudad capital más alta del mundo, pero el Aeropuerto Internacional, al oeste de la ciudad, está todavía a mayor altitud: a 13.360 pies, ningún otro aeropuerto comercial está tan alto. Los turistas que llegan a la ciudad se cansan fácilmente y frecuentemente sufren náusea y dolor de cabeza, malestares comúnmente causados por la altura. Pero los bolivianos, como están adaptados a ésta, nunca se sienten mal y después del trabajo, todavía tienen energías para jugar un partido de fútbol.

Tradicionalmente el centro de la vida boliviana ha sido el altiplano, pero actualmente la promesa de Bolivia es la región tropical, al este de los Andes, donde la industria del petróleo y la agricultura son las actividades principales. Las tierras tropicales no son como las de los Andes. Allá sólo se pueden cultivar papas; aquí, una gran variedad de frutas tropicales. En esta región Santa Cruz es la ciudad de mayor prosperidad. Por carretera, desde La Paz, Santa Cruz está a más de 500 millas.

meseta: plateau

bailarín enmascarado: masked dancer
ejecutar: to perform

emborracharse: to get drunk

sajón: (Anglo-) Saxon

fútbol: soccer

De Santa Cruz también salen ferrocarriles que van a la Argentina y al Brasil. Santa Cruz es una de las ciudades principales en la larga ruta que comunica el oeste de la América del Sur con el este. Ésta es una ruta transcontinental entre Lima y el puerto brasileño de Rio de Janeiro, donde están las famosas playas de Ipanema y Copacabana. El continente suramericano se puede cruzar en once días, cubriendo parte de la distancia por carretera y parte por ferrocarril. Pero para hacer este viaje hay que tener espíritu de *pioneer*, y si no, es mejor no salir. En el interior del continente no hay hoteles elegantes al estilo norteamericano, con agua caliente, baño privado y aire acondicionado. Tampoco hay restaurantes con un menú internacional.

V

Chile

Se dice que los chilenos viven con un pie en el mar y otro en la tierra: la república tiene casi 3.000 millas de costa y un territorio que se extiende paralelo a ésta con un promedio de sólo 175 millas de ancho. **promedio:** average
De manera que Chile es de proporciones grotescas, excesivamente largo y angosto. Al norte de la república están Bolivia y el Perú, al oeste el Pacífico y al este los Andes.

El norte de Chile es como la región costera del Perú: un desierto. No hay agua ni árboles. Aquí vive gente que nunca ha visto la lluvia. El desierto de Atacama es la región más árida del mundo. Se dice que nunca llueve en el lugar que se llama Calama, donde el Instituto Smithsonian tiene un observatorio solar. Pero como en este desierto no existen camellos, **camello:** camel
la mejor manera de ir de un lugar a otro es en *jeep* y con agua suficiente para satisfacer la sed del vehículo y de las personas que van en él. El desierto de Atacama es rico en depósitos de cobre, nitrato

natural y reliquias encontradas por los expertos que se dedican a la excavación de cementerios antiguos. El terreno de Atacama contiene mucha sal, y por esta razón, los restos de hombres y animales se transforman en momias petrificadas. Aquí se han descubierto cadáveres y objetos de interés científico, y si las excavaciones y los estudios progresan, tal vez llegaremos a saber más sobre el origen del hombre americano.

En el siglo XIX, cuando el nitrógeno no se producía por medios sintéticos, la gran riqueza del desierto era el nitrato natural, producto rico en nitrógeno. Las regiones agrícolas de Estados Unidos y Europa dependían del nitrato para fertilizar la tierra. Si para unos representa una ironía, y para otros una paradoja, la verdad es que durante muchos años el desierto satisfizo la demanda mundial de los fertilizantes, y la trágica Guerra del Pacífico, entre el Perú y Bolivia por un lado y Chile por el otro, fue un conflicto por la posesión de la riqueza natural del desierto de Atacama. Hoy, sin embargo, la industria del nitrato natural tiene poca importancia: el nitrógeno se produce por medios sintéticos y la demanda de fertilizantes naturales no es muy grande. En el desierto de Atacama la industria del cobre ha remplazado a la del nitrato. Chile es el tercer productor mundial de cobre; los Estados Unidos son el primero y Rusia el segundo. Los depósitos de cobre más importantes están en Chuquicamata. En este lugar hay más de 20 millones de toneladas de cobre, más que en cualquier otra parte del mundo.

Histórica, política y culturalmente, Chile se parece muy poco a las otras repúblicas andinas. Se dice que el desarrollo chileno ha sido diferente porque la nación ha estado aislada del resto de Hispanoamérica, separada por el desierto y los Andes. El nombre antiguo del actual territorio chileno era "Chilli" y su significado describe la posición geográfica del lugar: "Chilli" es una expresión india que quiere decir "último rincón de la tierra", *utmost corner of the earth*.

Pero en los tiempos modernos Chile ha dejado

reliquia: relic

medio: means

paradoja: paradox

tonelada: ton

significado: meaning

CHILE

Nombre oficial: República de Chile
Área en millas²: 286.397
Población total
          1969:   9.566.000
          1980 (estimada):   12.912.000
          Crecimiento anual: 2,4%
          Grupo étnico predominante: mestizo
Analfabetismo: 11%
Nombre y adjetivo de nacionalidad: chileno, -a
Ciudad capital: Santiago
Población capitalina (área metropolitana):   2.561.000
Principal producto de exportación: cobre
Principales compradores: Estados Unidos, Inglaterra

de ser una nación aislada, gracias al desarrollo de las comunicaciones. Hoy está en contacto con el resto del mundo y es una nación de nueve millones y medio de habitantes. Parte de la población es de origen inglés, irlandés, alemán o yugoeslavo. La población se concentra en el valle central, región al sur del desierto de Atacama. En el valle central están Santiago, la capital de la república, y Valparaíso, el puerto principal. Santiago fue fundada en

1541 por Pedro de Valdivia, el conquistador de Chile. Además de ser la región donde están las principales ciudades, el valle central también es una región de tierras fértiles que han estado tradicionalmente controladas por un pequeño número de familias poderosas que viven en Santiago. En Chile las grandes extensiones de tierra no se llaman haciendas, sino fundos. Las uvas son el producto típico de los fundos, y una de las bebidas más populares en la vida diaria de los chilenos es el vino, especialmente el vino tinto que se toma con las deliciosas empanadas. Las empanadas son el plato nacional de Chile; se preparan con un relleno de carne que incluye aceitunas negras y pasas. Por su clima y vegetación, el valle central chileno se parece a los valles más fértiles del estado norteamericano de California.

uva: grape

vino tinto: red wine

empanada: turnover

relleno: filling

aceitunas negras y pasas: black olives and raisins

VI

La conquista de Chile se realizó como una extensión de la conquista del Perú. Los indios que entonces vivían en el valle central eran los araucanos, un pueblo de guerreros formidables que lucharon vigorosamente contra el conquistador español. Los primeros habitantes de Santiago tuvieron que resistir varias veces los ataques araucanos. La ciudad estuvo a punto de desaparecer, pero fue salvada por la determinación de los españoles y en particular, por el heroismo de Inés de Suárez, la amante de Pedro de Valdivia, una mujer singularmente dinámica. En ella los españoles encontraron el apoyo moral necesario para no darse por vencidos. Los araucanos, siempre orgullosos de su independencia y de su fuerza, lucharon durante mucho tiempo contra la penetración del hombre blanco. Finalmente fueron dominados en las últimas décadas del siglo pasado, cuando Chile era ya una nación independiente.

El valor de los araucanos está dramáticamente presentado en el gran poema épico *La Araucana*, escrito por Alonso de Ercilla y Zúñiga en el siglo

estar a punto de: to be at the point of, to be about to

amante: lover

darse por vencido: to give up

valor: courage

XVI. Ercilla fue un soldado español que tomó parte en la conquista de Chile, pero los héroes épicos de su poema no son sus compañeros de armas sino el enemigo, es decir, los araucanos. Por esta razón, para los chilenos que hoy son muy nacionalistas, *La Araucana* es una obra singular: como héroes épicos, los indios simbolizan las virtudes de un pueblo que por varios siglos demostró ser invencible en la defensa de sus intereses contra la dominación extranjera. El gran guerrero araucano se llama Caupolicán y es el símbolo del nacionalismo chileno, de la misma manera que el emperador azteca Cuahtémoc es el símbolo del nacionalismo mexicano.

Política y culturalmente, Chile es una de las repúblicas más avanzadas de todo el continente. Tiene un sistema de instrucción pública excelente, y el nivel de analfabetismo es uno de los más bajos entre las naciones hispanoamericanas. En las últimas décadas, la estabilidad política ha dependido del respeto a la Constitución de 1925 que establece un período presidencial de seis años y no permite la reelección. La madurez política de la nación ha hecho posible la creación de una verdadera democracia que es el orgullo de los chilenos. En las elecciones de 1970, de los tres candidatos a presidente, salió elegido el marxista Salvador Allende, candidato de los comunistas y los socialistas. Allende ganó con una mayoría relativa: solamente obtuvo algo más de la tercera parte de los votos; la oposición (dividida de por medio entre los otros dos candidatos), obtuvo el resto. Es importante darse cuenta de que la victoria de Allende fue relativa y no absoluta. Como relativa, ésta no indica que la mayoría de los chilenos están a favor de la extrema izquierda, pero sí indica que el resultado de una elección democrática fue aceptado por todos. La victoria de Allende en Chile es un caso excepcional dentro del marxismo hispanoamericano porque en ninguna de las otras repúblicas ha tenido oportunidad de llegar al poder por voto popular en elecciones democráticas. En muchas repúblicas hispanoamericanas los partidos de orientación marxista

madurez: maturity

orgullo: pride

mayoría relativa: plurality

de por medio: half-way

son ilegales y la ley no permite su participación en campañas políticas.

Durante su campaña Allende prometió resolver los problemas económicos de Chile con soluciones socialistas. Su gobierno ha nacionalizado los bancos y varias industrias como la del cobre. Antes del régimen de Allende el control de esta industria estaba dividido entre el gobierno y dos compañías norteamericanas: la Anaconda Copper Company y la Kennecott Copper Corporation. Los grandes problemas económicos de Chile han sido no poder estabilizar la moneda ni controlar la terrible inflación que ha estado causando un aumento enorme en el costo de la vida durante muchos años. Nadie está seguro de si la economía chilena va a estar mejor o peor cuando Allende termine su mandato en 1976, pero de eso depende la popularidad del marxismo en el futuro.

resolver: to solve

costo de la vida: cost of living

mandato: term of office

12

EL IMPERIO DE LOS HIJOS DEL SOL

I

Los incas fueron el último de varios pueblos prehispánicos que existieron en los Andes. Los fundadores de este pueblo fueron el Inca[1] Manco Cápac y su hermana Mama Ocllo. No se sabe si existieron de verdad, pero la leyenda dice que fueron hijos del sol y que aparecieron en una isla del lago Titicaca, en los Andes peruano-bolivianos. Esta leyenda, recogida por un escritor colonial, dice así:

En los siglos antiguos las gentes vivían como fieras y animales brutos, sin religión ni policía, sin pueblo ni casa, sin cultivar ni sembrar la tierra. Nuestro padre el sol, viendo los hombres tales, tuvo lástima de ellos y envió del cielo a la tierra un hijo y una hija para enseñar a estos hombres a adorar al sol, a vivir en casas, a cultivar las plantas y a gozar de los frutos de la tierra como

fiera: wild beast

enviar: to send

gozar: to enjoy

---

[1] The word "Inca" comes from quechua and means "male of royal blood." Originally this word was a title of nobility, but in current usage it refers to all the Andean people who became part of an empire under the Inca royal family. In writing, Spanish distinguishes between the two meanings by the use of a capital "I": "Inca" refers to the ruler and "inca" to the people.

Terrazas incas, Perú.

hombres racionales, y no como bestias. Con esta orden y mandato puso nuestro padre el sol estos dos hijos en la laguna Titicaca.

Manco Cápac y su hermana siguieron las instrucciones de su padre, el sol. Formaron un reino y él tomó a su hermana por esposa. Así nació una dinastía que, como los emperadores del Japón, se creyó descendiente del sol y que, después de pocos siglos, llegó a ser la suprema autoridad en los Andes hasta la llegada de los españoles.

Los incas demostraron una superioridad sin precedente. En el siglo XV fueron capaces de formar un imperio colosal que dominó el territorio andino desde el sur de Colombia hasta el centro de Chile. Progresivamente los incas conquistaron a todas las tribus de esta región y crearon una organización sociopolítica sorprendente, basada en una interpretación rigurosa y exacta de un concepto que hoy tiene gran importancia en nuestra sociedad occidental: la justicia social.

sorprendente: surprising

La sociedad inca estaba dividida en clases rígidas, y cada clase tenía responsabilidades específicas. La obligación de los nobles era gobernar el imperio y la de las clases inferiores era cultivar la tierra. Había una disciplina inflexible que determinaba la vida de todas las personas, y este sistema no permitía excepciones de ninguna clase. El Inca, como jefe máximo del imperio, tenía autoridad y poderes absolutos. La ley obligaba a trabajar a todas las personas entre los 16 y los 50 años de edad. Además de cultivar la tierra, el *puric* tenía la obligación de prestar dos servicios: el militar y el laboral. Este último era un servicio anual. Como trabajador del estado, una de las ocupaciones del *puric* era ayudar en la construcción de obras públicas tales como carreteras, templos y fuertes militares. Ésta era la forma en que el pueblo pagaba impuestos al estado. Éstos no consistían en tener que pagar cierta cantidad de dinero, sino en tener que realizar ciertos trabajos anualmente.

puric: quechua for ablebodied male worker
prestar servicio: to render service

cierto: a certain

Y si en la sociedad inca no existía el concepto del dinero, tampoco existía el concepto de la propiedad privada. En efecto, este concepto vino a América importado por los europeos como parte de la colonización del Nuevo Mundo. Los indios de las civilizaciones prehispánicas creían en el uso comunal de la tierra. Entre los incas la tierra estaba dividida en tres partes: una parte era del sol, el símbolo de la religión, y el producto de estas tierras servía para satisfacer las necesidades del clero y las autoridades eclesiásticas. Otra parte era del Inca, el jefe del estado, y el producto de estas tierras servía para satisfacer las necesidades de las autoridades civiles, el gobierno y el ejército. El resto de la tierra estaba reservado para el pueblo y sus necesidades. Anualmente se hacía una redistribución de la tierra y cada familia recibía su porción de acuerdo con sus necesidades. Los excedentes de producción se guardaban para cubrir emergencias. Todas las tierras se cultivaban comunalmente, y era obligación de los miembros de cada comunidad trabajar las tierras de las personas enfermas, ausentes o viejas, y también las tierras del sol y del Inca.

clero: clergy

excedente: surplus

Para aumentar la producción agrícola, los incas construyeron un sistema de terrazas en las laderas de las montañas que todavía se sigue usando y, para mejor administrar el imperio, desarrollaron sistemas estadísticos notables. Con el objeto de facilitar las comunicaciones entre las diversas poblaciones separadas por los Andes, construyeron caminos tan buenos como los famosos caminos del viejo Imperio Romano y desarrollaron un servicio de correos basado en los *chasquis*, mensajeros especialmente entrenados para correr largas distancias. Los incas impusieron su organización sociopolítica y su visión del mundo y de la vida en todos los pueblos del vasto territorio andino que conquistaron. El fabuloso imperio se llamó *tahuantisuyo*, palabra que en quechua quiere decir "tierra de las cuatro regiones": el norte, el sur, el este y el oeste. El territorio imperial se extendía en estas cuatro direcciones desde la ciudad de Cuzco en

correo: mail

correr: to run

los Andes peruanos. Cuzco fue la capital del imperio y una de las ciudades que, como Tenochtitlán en México, más asombró a los españoles.

asombrar: to amaze, astonish

II

Cuando Pizarro y sus hombres llegaron al Perú en 1532, la rígida organización imperial de los incas había comenzado a desintegrarse. El vasto imperio ya no era un modelo de unidad y cohesión. Unos años antes el emperador Huayna Cápac había violado las normas que regulaban la sucesión imperial, ordenando la división del imperio entre sus hijos Huáscar y Atahualpa. Huáscar era el heredero legítimo y Atahualpa, un hijo bastardo, pero el favorito de Huayna Cápac. Su decisión de dividir el imperio fue fatal para los incas, y la paz entre los dos medio hermanos duró pocos años. Cuando llegaron los españoles Atahualpa acababa de derrotar a Huáscar en una guerra civil. Su victoria, sin embargo, fue efímera. Atahualpa no tuvo tiempo para reunificar las fuerzas militares del imperio, y la división existente facilitó la conquista española. Atahualpa fue capturado por las fuerzas de Pizarro en la plaza de la ciudad de Cajamarca, en el norte del Perú. El emperador y sus hombres fueron víctimas de una emboscada.

heredero legítimo: rightful heir

emboscada: ambush

El historiador norteamericano William Hickling Prescott, autor de uno de los libros más respetados y mejor documentados sobre la conquista del Perú, describe con gran detalle la captura de Atahualpa, comenzando con la entrada del emperador a la ciudad de Cajamarca:

Elevated high above his vassals came the Inca Atahualpa, borne on a sedan or open litter, on which was a sort of throne made of massive gold of inestimable value. The palanquin was lined with the richly colored plumes of tropical birds, and studded with shining plates of gold and silver. . . .

The monarch was permitted to traverse the *plaza* in silence, and not a Spaniard was to be seen. When some five or six thousand of his people had entered the place, Atahualpa halted, and, turning round with an inquiring look demanded, "Where are the strangers?"

At this moment Fray Vicente de Valverde, a Dominican friar, Pizarro's chaplain and afterward Bishop of Cuzco, came forward with his breviary . . . in one hand, and a crucifix in the other, and, approaching the Inca, told him that he came by order of his commander to expound to him the doctrines of the true faith.

Durante la confrontación entre el fraile Valverde y el emperador, el resto de los españoles se quedaron escondidos. Valverde declaró que la misión de los españoles era cristianizar el Nuevo Mundo y terminó su discurso pidiéndole al emperador su sumisión a la autoridad del rey de España y su conversión a la religión católica. Aunque el emperador no tenía la menor idea de este rey ni de esta religión, con la ayuda de un intérprete pudo comprender el sentido de las palabras del fraile y su respuesta fue negativa. Entonces Valverde le dio a Atahualpa el breviario que llevaba, pero en vez de recibirlo con respeto, Atahualpa lo tiró al suelo con arrogancia. Fue un acto que los españoles no toleraron. Pizarro dio la orden de abrir fuego y los españoles salieron de las calles y las casas donde se habían escondido. La emboscada fue fatal para los incas. Miles murieron y Atahualpa fue capturado.

Como prisionero de los españoles Atahualpa aprendió a jugar ajedrez y se dio cuenta del interés que ellos tenían en el oro y la plata. Esto le hizo pensar en la posibilidad de comprar su libertad. Atahualpa habló con los españoles y ellos aceptaron

escondido: hidden

en vez de: instead of
tirar al suelo: to throw to the ground
fuego: fire

ajedrez: chess

como rescate un cuarto lleno de objetos de oro. **rescate:** ransom
Atahualpa dio la orden a sus súbditos, y en pocos
meses el cuarto designado fue llenado de objetos de
oro traídos por ellos. El cuarto donde este gran tesoro **tesoro:** treasure
fue depositado todavía existe en Cajamarca. Es cono-
cido como el "Cuarto del Rescate". En el Perú prehispánico había mucho oro, pero para los incas este
metal no tenía valor material. Era un símbolo religioso que reflejaba en la tierra los rayos del sol, es
decir, el poder del padre del imperio.

A pesar del rescate aceptado por los españoles,
Atahualpa no consiguió su libertad. Los españoles se
excusaron, diciendo que el Inca estaba conspirando
y, como resultado de esta acusación, fue sentenciado
a muerte después de un juicio injusto. Atahualpa **juicio injusto:** unfair
murió en agosto de 1533; los españoles continuaron trial
su marcha hacia el sur y unos meses más tarde llegaron a Cuzco.

La vida de los incas, y en general la de los indios
del Nuevo Mundo, cambió radicalmente como resultado de la conquista. Los españoles unificaron sus
nuevos dominios imponiendo una nueva lengua,
una nueva autoridad y una nueva religión. Como
parte de esta unificación, en los Andes el español
tomó el lugar del quechua, el rey de España el lugar
del Inca, y Cristo el lugar del sol. Dominados por la
superioridad militar de los españoles, los indios no
tuvieron más remedio que ceder. Sus tierras fueron **ceder:** to yield
ocupadas. Así desapareció el sistema prehispánico de
la propiedad comunal y apareció el sistema occidental de la propiedad individual.

Actualmente la arquitectura del Cuzco es un
símbolo que revela la transformación del Nuevo
Mundo como colonia española. La conquista des-
truyó las culturas prehispánicas y la colonia importó
la cultura occidental, imponiéndola sobre los frag-
mentos prehispánicos. Pero España no pudo occidentalizar completamente al indio y acabó sobrepo-
niendo la cultura occidental, tal como lo revela la **tal como:** just as
arquitectura de Cuzco, donde el estilo de muchas
casas viejas es mitad español y mitad inca. Es una

arquitectura colonial única porque los balcones y otros elementos españoles aparecen sobre sólidas murallas que originalmente formaron parte de los palacios incas que los españoles no se molestaron en derribar.

molestarse en derribar: to bother to raze

PARTE CUARTA

EL RÍO
DE LA PLATA

Inhabitantes fluuj Rio de la plata

Izquierda: fiesta de gauchos. *Arriba:* indios que vivían en la región del Río de la Plata cuando llegaron los españoles. Grabado del siglo XVIII. *Abajo:* rebaño de ovejas en las llanuras uruguayas.

Arriba: Avenida Nueve de Julio, Buenos Aires. El obelisco conmemora la fundación de la ciudad. *Abajo:* interior del elegante Teatro Colón, Buenos Aires.

OCÉANO PACÍFICO

BOLIVIA

EL GRAN CHACO

PARAGUAY

BRASIL

Río Paraguay

Río Pilcomayo

Río Bermejo

Asunción

Río Iguazú

Río Paraná

CORDILLERA DE LOS ANDES

Tucumán

Río Salado

Río Paraná

Río Uruguay

CHILE

Córdoba

Santa Fe

Rosario

URUGUAY

LA PAMPA

ARGENTINA

Río Salado

Mendoza

Buenos Aires

Punta del Este

Montevideo

Río de la Plata

Bahía Blanca

Mar del Plata

OCÉANO ATLÁNTICO

Río Colorado

Río Negro

CORDILLERA

PATAGONIA

Río Chubut

Río Deseado

EL RÍO DE LA PLATA

◎ Ciudades capitales   ● Otras ciudades

▬·▬·▬ Límites internacionales

0   500 MILLAS

0   500 KILÓMETROS

Estrecho de Magallanes

ISLAS MALVINAS

TIERRA DEL FUEGO

Cabo de Hornos

Las hermosas cataratas del Iguazú.

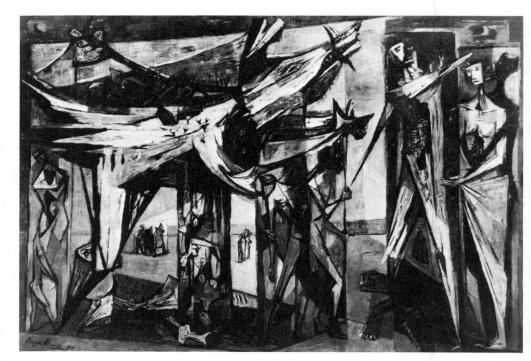
"Apocalipsis", obra de la pintora argentina Raquel Forner.

Izquierda: exhibición de ganado argentino. *Abajo:* familia guaraní campesina, Paraguay.

13

LA REGIÓN MÁS DISTANTE

I

Al este de Chile, entre los Andes y el Océano Atlántico, se extiende la región del Río de la Plata, *the River Plate region*[1]. En toda la América del Sur ésta es la única región de habla española que se orienta hacia el Atlántico. En el norte y en el centro del continente las costas del Atlántico no son hispanoamericanas: pertenecen a las Guayanas y al Brasil.

El mapa político de Suramérica es relativamente simple, pero muchos norteamericanos olvidan o no saben que en una gran parte de este continente no se habla español, sino portugués. La república del Brasil fue una colonia portuguesa: resultado de la división del mundo entre España y Portugal hecha por el Papa Alejandro VI en 1493, y modificada por el Tratado de Tordesillas el año siguiente. El Brasil es una república tan grande como los Estados Unidos y un mundo que cultural e históricamente se parece poco a Hispanoamérica. Los brasileños son más tolerantes y flexibles que los hispanoamericanos y que los norteamericanos, tal vez porque Portugal no

tratado: treaty

[1] The literal translation "Silver River" is not used. English speakers use either the Spanish name or the expression "River Plate," which is British.

La pampa argentina, famosa por su ganado y sus históricos gauchos.

practicó las limitaciones y las prohibiciones que el catolicismo español y el puritanismo inglés impusieron en sus respectivas colonias.

Las Guayanas, al norte del Brasil y al este de Venezuela, tampoco son hispanoamericanas. Política e históricamente forman parte del complejo panorama de las Antillas, aunque geográficamente están en la América del Sur y tienen costas en el Océano Atlántico. Hasta 1966 las Guayanas fueron un territorio colonial dividido entre Francia, Holanda e Inglaterra, pero hoy la vieja colonia británica es una república que se llama Guyana, y Surinam y la Guayana Francesa son divisiones políticas de Holanda y Francia, respectivamente.

Por su posición geográfica, el Río de la Plata es la región hispanoamericana más distante de los Estados Unidos. Londres, Madrid, Berlín y las demás capitales europeas están más cerca de Nueva York y Washington, D.C., que Buenos Aires, la capital de la Argentina. La influencia de los Estados Unidos en esta región nunca fue muy marcada antes de la Segunda Guerra Mundial, y esto se debe, en parte, a la posición geográfica de la zona. Aislada del resto de Hispanoamérica por los Andes al oeste y el Brasil al norte, la región del Río de la Plata ha mirado más hacia Europa que hacia el Nuevo Mundo. Culturalmente la influencia de Francia ha sido mayor que la de España, y económicamente, la influencia de Inglaterra, mayor que la de los Estados Unidos.

En la región del Río de la Plata la superficie es relativamente plana, en oposición a la del resto de Hispanoamérica que es predominantemente montañosa. El Río de la Plata no es en realidad un río, sino un estuario en el que desembocan los ríos Paraná-Paraguay y Uruguay. Este sistema fluvial tiene una importancia económica comparable a la del Mississippi en los Estados Unidos. Las ciudades capitales de las tres repúblicas rioplatenses son puertos. En la ribera norte del estuario está Montevideo, la capital de Uruguay; en la ribera opuesta, Buenos Aires. Asunción, la capital del Paraguay, está más adentro, algo lejos del mar, en la ribera del río que

superficie: surface

desembocar: to empty, to flow
sistema fluvial: river system, waterway

ribera: bank, shore

también se llama Paraguay. La ruta más importante para el comercio de la región llega hasta Curumbá, en el Brasil, a 1.800 millas del Atlántico. Por esta ruta navegan barcos que transportan trigo, carnes, cueros y lana: los productos tradicionales de la región.

trigo: wheat

El estuario que hoy se llama "Río de la Plata" fue descubierto por Juan Díaz de Solís en 1516, cuando los grandes navegantes de España y Portugal seguían buscando una ruta marítima occidental para llegar a Asia. El navegante que finalmente encontró esta ruta fue Fernando de Magallanes, cuando descubrió el paso marítimo que hizo posible darle la vuelta al mundo en barco por primera vez. Magallanes, un portugués al servicio de la Monarquía española, salió de España creyendo que el estuario descubierto por Solís iba a ser el camino para llegar a Asia, pero cuando llegó al estuario en 1520, se dio cuenta de que éste no era un paso entre dos océanos: el agua del estuario no tenía sal; era dulce. La expedición de Magallanes abandonó la exploración del estuario y continuó hacia el sur. Al norte de la isla de Tierra del Fuego, Magallanes y sus hombres descubrieron el estrecho que hoy lleva el nombre de este navegante. La expedición tardó más de un mes en cruzarlo y, cuando llegó al otro lado, Magallanes encontró un océano que llamó "Pacífico".

dar la vuelta a: to go around

(agua) dulce: fresh (water)

tardar: to take (time)

II

Los exploradores que aparecieron en la región rioplatense después de Magallanes llegaron con la esperanza de encontrar grandes riquezas. El nombre "Río de la Plata" no es una imagen poética para exaltar el color de las aguas de este estuario. Es un nombre que se deriva de una suposición, resultado de la especulación española, de esa imaginación que, excitada por el oro y la plata de México y el Perú, soñaba con descubrir mayores tesoros en otros lugares. Los españoles creían que cerca del estuario iban

soñar con: to dream of

LOS REGIONALISMOS

El vocabulario de los hispanoamericanos incluye muchos regionalismos, es decir, expresiones que son propias de una región en particular. El vocabulario que se refiere a frutas, animales, objetos de uso diario y situaciones comunes es muy variado y siempre está presente en el habla familiar. Los regionalismos se subdividen geográficamente. Hay argentinismos, chilenismos, cubanismos, mexicanismos, etc. Los siguientes argentinismos son muy comunes:

habla familiar: coloquial speech

"Macanudo" es un adjetivo que los rioplatenses usan todo el tiempo, de la misma manera que los norteamericanos usan el adjetivo *great*. "Sentirse macanudo", por ejemplo, equivale a la expresión inglesa *to feel great*.

a encontrar unas minas de plata extraordinarias. El nombre "Argentina" es otro resultado de la misma especulación. Este nombre se deriva de la expresión latina *argentum,* que quiere decir "plata".

Los nombres "Río de la Plata" y "Argentina" se refieren a una riqueza que en realidad nunca existió. Pero el territorio rioplatense incluye una de las llanuras más fértiles del mundo: la pampa argentina, internacionalmente famosa por su ganado y sus históricos gauchos, hombres extraordinariamente decididos y valientes. En los Estados Unidos los gauchos

decididos: determined

"Churrasco" es el nombre de la carne que se asa en las brasas, y "churrasquear" es comer o preparar un churrasco.

"Bonaerense" es el adjetivo indicado para una persona que es de Buenos Aires, pero los argentinos prefieren decir "porteño" porque es más fácil. "Porteño" se deriva de "puerto" y literalmente quiere decir *port dweller*. Los argentinos no dicen "muchacho" o "muchacha", sino "pibe" o "piba", y "estar metido" es una expresión que equivale a "estar enamorado", *to be in love*.

"Pampero" es el nombre del viento que sopla en las pampas y un "estanciero" es el dueño de una "estancia", es decir, una hacienda. Para referirse a los caballos hay una variedad de nombres: "pingo", "parejero" y "overo", por ejemplo. Estos nombres son muy comunes entre los gauchos y son aplicables de acuerdo con las cualidades de cada animal.

Como resultado de la influencia italiana, es muy común decir "chao" o "chau" como expresión equivalente a "adiós", y usar la palabra "bambino" para referirse a un niño pequeño.

asar en las brasas: to roast over coals, to barbecue

viento: wind
soplar: to blow

son popularmente conocidos como los *cowboys* rioplatenses porque el gaucho es parte de la pampa de la misma manera que el *cowboy* es parte del oeste norteamericano. En el siglo XIX los gauchos y los *cowboys* son los hombres de las zonas fronterizas entre la ciudad y el campo, entre la cultura importada de Europa y la cultura primitiva de América.

La pampa se extiende al oeste y al sur de Buenos Aires. Es muy plana y muy fértil, interminable y monótona. Es una gran llanura uniforme donde muchas veces una persona puede mirar en cualquier dirección y no encontrar otra señal de vida humana entre él y el horizonte. Para el novelista contemporáneo Eduardo Mallea, la pampa es el lugar del "diá-

señal: sign

logo de la tierra con las nubes", y para Domingo Faustino Sarmiento, una de las grandes figuras políticas e intelectuales del siglo XIX, la pampa es una "gran soledad". Estas dos descripciones revelan el carácter despoblado de la pampa, y de hecho esta fértil llanura es así porque ha estado dedicada a la crianza de ganado desde el comienzo de la época colonial.

despoblado: desolate

crianza: raising

Como parte de la colonización del Nuevo Mundo, los españoles importaron grandes cantidades de vacas, toros y caballos. Pero en las nuevas haciendas no fue posible controlar a todos estos animales. Muchos se escaparon y, muy rápidamente, los animales libres se multiplicaron en los campos abiertos. Así aparecieron grandes manadas salvajes, especialmente en las vastas y fértiles llanuras del Río de la Plata. En esta región las vacas y los caballos salvajes hicieron posible la vida del gaucho.

manada salvaje: wild herd

Antes del siglo XX, el gaucho vivía en las llanuras argentinas y uruguayas como nómada, en abierta oposición a la civilización. Sarmiento, que escribió extensamente sobre el campo argentino, describe al gaucho como un producto de "la lucha del hombre aislado con la naturaleza salvaje, del racional con el bruto". En este mundo primitivo y violento, la vida del gaucho dependía de su destreza en el manejo del caballo, el lazo y el "facón", cuchillo que usaba para matar, desollar y cortar la carne del ganado. Los gauchos eran increíblemente fuertes y siempre estaban preparados para dominar las violentas condiciones de su existencia:

racional: (noun) rational being
destreza en el manejo: skill in handling
desollar: to skin

> Su esperanza es el coraje,
> su guardia es la precaución,
> su *pingo* es la salvación,
> y pasa uno en su desvelo
> sin más amparo que el cielo
> ni otro amigo que el facón.[2]

esperanza: hope
coraje: bravery
guardia: protection

desvelo: wakefulness
amparo: shelter

[2] This stanza from the famous poem *Martín Fierro* by José Hernández reveals the extent to which a gaucho's self-confidence depended on bravery, precaution, and a fast horse. The image of the nomadic and solitary gaucho is implicit in the last three lines of the stanza. *Pingo* is a gaucho word for a horse that is swift and spirited.

Estos versos se refieren al gaucho del pasado. El gaucho actual también maneja con destreza el caballo y el lazo, pero ha perdido su carácter primitivo y salvaje. Ya no es un vaquero-cazador; es un vaquero que a veces va al cine o ve televisión, y que generalmente vive y trabaja en una hacienda de ganado. En la Argentina y Uruguay éstas se llaman estancias. Y como el gaucho de hoy se ha adaptado a la vida moderna, el gaucho de generaciones anteriores se ha convertido en una figura legendaria, un tema literario y un símbolo nacional.

vaquero: cowboy

14

LAS REPÚBLICAS RIOPLATENSES

I

Además de su importancia económica, el sistema fluvial del Río de la Plata tiene cierta importancia política. Los ríos Pilcomayo y Paraná, por ejemplo, marcan el límite territorial entre el Paraguay, el Brasil y la Argentina. Y en el lugar donde se reúnen las fronteras de estas tres repúblicas, las Cataratas del Iguazú son un espectáculo de incomparable belleza tropical. Éstas son más altas que las Cataratas del Niágara (entre el Canadá y los Estados Unidos) y están en medio de una selva vírgen donde la variedad de pájaros y plantas es fantástica.

pájaro: bird

La fragmentación política de la región rioplatense tuvo lugar después de la declaración de independencia proclamada en Buenos Aires en 1810. Al asumir el poder, el nuevo gobierno argentino quiso controlar toda la región rioplatense, tal como lo habían hecho las autoridades españolas depuestas. Pero los paraguayos y los uruguayos se opusieron y lucharon por la formación de entidades políticas independientes de la Argentina. El gobierno argentino reconoció la independencia del Paraguay en 1811 y la de Uruguay en 1828.

Mar del Plata, balneario argentino muy popular.

Paraguay

De las repúblicas rioplatenses, el Paraguay es la más atrasada. Como Bolivia, es una república que no tiene costas y que está lejos del mar. Su área es comparable a la del estado norteamericano de California, pero es una república bastante despoblada, con sólo un poco más de dos millones de habitantes. La población no es mayor porque gran parte del territorio nacional es inhospitalario y porque cientos de miles de hombres han muerto en las dos guerras que Paraguay ha tenido con sus vecinos. El río Paraguay atraviesa el territorio nacional, dividiéndolo en dos partes. Casi todos los paraguayos viven al este del río. Asunción, la capital de la república, es una ciudad pintoresca y tranquila, bastante más pequeña que todas las otras capitales hispanoamericanas de la América del Sur.

atravesar: to cross

La vida política del Paraguay ha estado dominada por una serie de dictaduras militares, comenzando con la del dictador José Gaspar Rodríguez de Francia, que ocupó el poder desde 1811 hasta su muerte en 1840. Francia tomo el título de "El Supremo" y encerró a la república como en un monasterio aislado de todo contacto con el mundo. En su misión de aislar al Paraguay, sus órdenes fueron cerrar las fronteras, prohibir el tráfico marítimo entre Asunción y Buenos Aires y perseguir a los españoles que se habían quedado en la república después de la independencia.

encerrar: to seal off

perseguir: to persecute

En el Paraguay de hoy, los efectos de treinta años de aislamiento bajo "El Supremo" todavía no han desaparecido completamente. La república sigue siendo un lugar remoto, pobre y, hasta cierto punto, exótico. Es la única república hispanoamericana con dos lenguas oficiales: el español y el guaraní. El guaraní era la lengua de los indios prehispánicos de la región. Hoy casi toda la población es mestiza y bilingüe. La literatura paraguaya incluye obras en guaraní, aunque éstas son muy poco conocidas fuera

hasta cierto punto: to a certain extent

PARAGUAY

Nombre oficial: República del Paraguay
Área en millas²: 157.047
Población total
       1969:   2.303.000
       1980 (estimada):   3.361.000
       Crecimiento anual: 3,2%
       Grupo étnico predominante: mestizo
Analfabetismo: 25%
Nombre y adjetivo de nacionalidad: paraguayo, -a
Ciudad capital: Asunción
Población capitalina: 412.000
Principales productos de exportación: maderas, carne
Principales compradores: Argentina, Estados Unidos, Alemania
  (RF)

de la república. El guaraní es una lengua suave y melodiosa que también está presente en la música popular paraguaya. Para expresar sus emociones, el campesino paraguayo canta en guaraní y toca un arpa rústica. Muchas veces las canciones se refieren al amor no correspondido.

    Todo el Paraguay es tropical, y la gente vive de

tocar: to play (a musical instrument)
amor no correspondido: unrequited love

la agricultura y la crianza de ganado. Otro recurso natural importante es la abundante riqueza forestal. El Paraguay exporta carnes, maderas, tabaco y yerba mate. Las hojas de yerba mate sirven para hacer una bebida parecida al té que es muy popular en todo el Río de la Plata. En los Estados Unidos la yerba mate se conoce como *Paraguayan tea*. Otros productos de esta república singular, como el *petit grain* y el ñandutí, son todavía más exóticos[1].

II

Uruguay

Como el Paraguay, Uruguay también está al sur del Brasil. Pero entre el Paraguay y Uruguay hay grandes contrastes. Mientras que el Paraguay está en el interior del continente, Uruguay está a la orilla del Atlántico y es una república muy moderna. Montevideo, la capital, está en la ribera norte del Río de la Plata. Y entre Montevideo y la frontera con el Brasil, la costa uruguaya tiene playas hermosas. Una de éstas es Punta del Este, el centro de la Riviera uruguaya. A Punta del Este llegan muchos turistas, especialmente brasileños y argentinos.

Durante casi todo el siglo presente Uruguay ha sido la república *avant-garde* de Hispanoamérica, donde se ha aplicado una legislación social muy avanzada. Entre las medidas que le han dado a Uruguay un prestigio único en el continente están la abolición de la pena de muerte y de la conscripción militar. Uruguay también fue una de las primeras repúblicas hispanoamericanas en legalizar el divorcio y el sufragio femenino. En el arte de gobernar, Uru-

pena de muerte: capital punishment

[1] Petit grain, an oil extracted from a type of orange tree, is used in the manufacture of perfumes. *Ñandutí* is a highly valued lace, finely and delicately stitched by Paraguayan women.

guay ha realizado el experimento de un poder ejecutivo colegiado, es decir, un gobierno que tiene como figura suprema un consejo de varios miembros en vez de un presidente. Esta forma de gobierno fue abolida en 1966. Ha existido tradicionalmente en Suiza, y de hecho, el sistema uruguayo fue una adaptación del modelo suizo. Otro aspecto que distingue a Uruguay del resto del mundo es un cambio oficial en el nombre y en la orientación de las festividades religiosas. En todo el mundo el 25 de diciembre se celebra como Navidad, pero los uruguayos lo celebran como el "Día de la familia". De la misma manera, el 6 de enero, Día de los Reyes Magos, es celebrado como el "Día de los niños". Y en este intento de darles a las festividades religiosas un carácter social, los uruguayos celebran el 8 de diciembre como el "Día de las playas". En la Iglesia católica éste es el Día de la Inmaculada Concepción, pero en Uruguay marca el comienzo de la temporada de veraneo.

En el siglo XX ha habido dos Uruguayes: el Uruguay de antes de 1950 y el Uruguay de las últimas décadas. El Uruguay que ya no existe era conocido como una nación realmente libre y democrática; un modelo de orden, estabilidad y paz. Económicamente, era una nación con uno de los niveles de vida más altos de Hispanoamérica, y todo el mundo tenía trabajo o recibía del estado su pensión correspondiente. El valor de la moneda era estable y no había inflación. Como resultado de un sistema de seguridad social muy favorable para el trabajador y de una economía de tendencia socialista, Uruguay era un estado paternalista, *a welfare state*. En mayor o menor grado, todo el mundo dependía de los recursos económicos del estado y de sus servicios, tales como excelentes escuelas y hospitales públicos.

En la actualidad, Uruguay sigue siendo un estado paternalista pero solamente en teoría, porque el agotamiento de los recursos económicos del estado ha producido una crisis económica y social sin pre-

consejo: council

Día . . . Magos: the Magi Feast of the Epiphany (twelfth day of Christmas)

temporada de veraneo: beach season

nivel de vida: standard of living

agotamiento: draining

URUGUAY

Nombre oficial: República Oriental del Uruguay
Área en millas²: 72.172
Población total

     1969:   2.852.000
     1980 (estimada):   3.255.000
     Crecimiento anual: 1,2%
     Grupo étnico predominante: blanco
Analfabetismo: 9%
Nombre y adjetivo de nacionalidad: uruguayo, -a
Ciudad capital: Montevideo
Población capitalina (área metropolitana):   1.450.000
Principal producto de exportación: lana
Principales compradores: Estados Unidos, Brasil, Inglaterra

cedente. Para los uruguayos, acostumbrados a depender de los servicios, los salarios y las pensiones
del estado, la vida se ha hecho imposible. Todo está
más caro porque el costo de la vida ha aumentado
considerablemente, y la moneda, que antes tenía un
valor aceptable, hoy vale muy poco como consecuencia de continuas devaluaciones. En 1959, por

ejemplo, el valor de la moneda uruguaya era de 9 pesos por dólar; en 1969, el cambio había bajado a 250 pesos por dólar. Para una república tan pequeña como Uruguay sus problemas son asombrosos.

Uruguay tiene un área comparable a la del estado norteamericano de Missouri. Es la república hispanoamericana más pequeña de la América del Sur. La única ciudad importante es Montevideo, como capital de la república y puerto principal. En esta ciudad de arquitectura moderna y de edificios altos que se elevan detrás de extensas playas, uno de los monumentos más famosos es "el Cerro", *the Hill*. Éste no es un cerro cualquiera, es un monumento nacional que conmemora el origen del nombre de la ciudad. Se dice que cuando la expedición de Magallanes llegó al Río de la Plata en 1520, un marinero portugués al ver tierra exclamó: *"Monte vejo eu!"*, "¡Veo una montaña!". A primera vista, y después de tantos días sin ver otra cosa que el cielo y el mar, el sorpendido marinero realmente creyó ver una montaña. Pero su exclamación se refería al cerro que hoy, como monumento nacional, todavía se eleva a la entrada del puerto de Montevideo.

Uruguay tiene casi tres millones de habitantes, y más de un millón viven en Montevideo. Esta ciudad representa el ejemplo más exagerado de un problema hispanoamericano que los sociólogos llaman macrocefalía. La macrocefalía es una deformación física que consiste en una cabeza excesivamente grande, y causa una desproporción bastante grotesca entre el tamaño de ésta y el del cuerpo. Y se dice que varias repúblicas hispanoamericanas son macrocéfalas porque el desarrollo de la respectiva ciudad capital ha sido desproporcionadamente superior al desarrollo del resto de la república. La mitad de los uruguayos viven en Montevideo; la tercera parte de los argentinos, en Buenos Aires; y la cuarta parte de los chilenos, en Santiago.

En educación y cultura, Uruguay es también una república avanzada. El 91 por ciento de la población sabe leer y escribir. Los uruguayos son dedicados

cambio: exchange rate

a primera vista: at first glance

a la lectura, y esta circunstancia ha estimulado el desarrollo de la prensa y la literatura nacionales. Uno de los escritores uruguayos más famosos es José Enrique Rodó, hombre de gran influencia en la conciencia intelectual de toda Hispanoamérica. Su obra más popular es *Ariel*, uno de varios ensayos dedicados al desarrollo espiritual de los estudiantes hispanoamericanos en las primeras décadas del siglo presente. En *Ariel* Rodó presenta la opción entre los valores espirituales y los valores materiales, el contraste entre Ariel y Calibán, personajes de la obra *The Tempest* de Shakespeare. Ariel es el símbolo de un mundo superior, espiritual e idealista; Calibán es el símbolo de un mundo inferior, materialista y utilitario. Rodó ilustra estos dos mundos tomando como ejemplo del primero a Hispanoamérica y como ejemplo del segundo a los Estados Unidos. *Ariel* apareció en 1900, y los conflictos interamericanos de entonces determinaron su popularidad. España había sido derrotada por los Estados Unidos en 1898 y la ocupación norteamericana de Cuba y Puerto Rico era una afrenta para Hispanoamérica. En 1903, la acción de Theodore Roosevelt en Panamá también iba a herir el honor hispanoamericano. Dada esta tensa situación, *Ariel* se transformó en el vocero de una actitud hispanoamericana que expresaba su posición frente a los Estados Unidos como una lucha entre los valores espirituales y los valores materiales.

En la lucha entre Ariel y Calibán, Rodó creía en el triunfo final del espíritu, y en la actualidad, frente al poder económico y tecnológico de los Estados Unidos, el orgullo hispanoamericano todavía depende de la creencia en la superioridad del espíritu. Por eso muchos hispanoamericanos que no conocen bien la realidad, simplifican las diferencias entre ellos y los norteamericanos con una generalización:

—Nosotros —dicen los hispanoamericanos— somos idealistas; ellos, materialistas. Nosotros tenemos cultura; ellos, dinero. Admiramos las obras de arte; ellos, sus máquinas.

lectura: (noun) reading
prensa: press

afrenta: affront

vocero: spokesman

III

Argentina

Entre Uruguay y la Argentina está el río que también se llama Uruguay. Este río marca el límite territorial entre las dos repúblicas y al unirse con el Paraná forma el estuario del Río de la Plata. Montevideo y Buenos Aires son las dos grandes ciudades que, en riberas opuestas, dominan el estuario. Buenos Aires está a unas 125 millas al oeste de Montevideo y el servicio aéreo y marítimo es frecuente entre las dos capitales.

Buenos Aires es una ciudad enorme, comparable a Londres, París o Nueva York. Su desarrollo es reciente y la ciudad no tiene vestigios de un pasado colonial glorioso porque fue un puerto miserable y olvidado desde su fundación en 1536 hasta varias décadas después de la independencia. Como Washington, D.C., Buenos Aires también tiene su obelisco. Fue dedicado en 1936 para conmemorar el cuarto centenario de la fundación de la ciudad por Pedro de Mendoza, quien la llamó Nuestra Señora Santa María del Buen Aire, *Our Lady Holy Mary of the Fair Wind.*

Después de visitar Buenos Aires, un estudiante norteamericano resumió sus impresiones con una comparación muy acertada. Refiriéndose a los argentinos, dijo: *"They are the Texans of the Spanish American countries".* La comparación es acertada porque entre los argentinos es común observar una actitud jactanciosa, similar a la que exhiben muchos tejanos en los Estados Unidos. Y como Texas, la Argentina es una tierra de enormes extensiones y de grandes recursos naturales, donde la crianza de ganado ha sido una industria tradicional y de gran importancia económica. La Argentina ocupa casi toda la extensión territorial rioplatense, y en comparación con cada una de las otras repúblicas hispanoamerica-

resumir: to summarize

acertado: well-aimed

jactancioso: boastful

nas es un gigante. Las únicas repúblicas del Nuevo Mundo más grandes que la Argentina no son hispano-americanas: Canadá, Estados Unidos y Brasil.

En marcado contraste con repúblicas como Ecuador, Peru y Bolivia, la Argentina no tiene un pasado precolombino importante. Los indios prehispánicos de la región rioplatense no tuvieron un desarrollo notable. Al llegar los españoles, casi todos estos indios vivían en un estado nómada, dedicados a la caza y a la pesca. Eran indios primitivos que, como los araucanos en Chile, resistieron vigorosamente la penetración del conquistador español. Una de las primeras víctimas del poder de los indios fue Juan Díaz de Solís, el descubridor del Río de la Plata. Solís desembarcó en las actuales costas uruguayas y tomó posesión de éstas en nombre del rey de España. Pero eso fue todo. Unos dicen que a Solís se lo comieron los indios charrúas; otros, que solamente lo mataron.

En la actualidad el número de indios que hay en las repúblicas rioplatenses es insignificante. Algunos argentinos explican las causas del adelanto de su república y el atraso de las otras en términos raciales, diciendo que la falta de indios ha facilitado el desarrollo. Pero también hay argentinos que lamentan la falta de un pasado prehispánico glorioso, que pudiera ser la base de una tradición cultural americana como pasa en México, donde la idealización del indio ha sido fomentada por el gobierno. México y la Argentina son casos opuestos: una república es principalmente mestiza, resultado de la unión de indios y españoles; la otra es principalmente blanca, resultado de grandes grupos de emigrantes europeos llegados después de la independencia. Los argentinos, en general, hacen alarde de su origen europeo. Conocen mejor la geografía de Europa que la de Hispanoamérica y se resienten de ser considerados como hispanoamericanos porque consideran que no tienen nada que ver con las repúblicas que han progresado menos, como Bolivia o Paraguay. Los argentinos también hacen alarde de su nivel de vida y de su educa-

hacer alarde: to boast
resentirse de: to resent
no . . . con: to have nothing to do with

ARGENTINA

Nombre oficial: República Argentina
Área en millas²: 1.072.748
Población total
          1969:   23.983.000
          1980 (estimada):   27.580.000
          Crecimiento anual: 1,5%
          Grupo étnico predominante: blanco
Analfabetismo: 8%
Nombre y adjetivo de nacionalidad: argentino, -a
Ciudad capital: Buenos Aires
Población capitalina (área metropolitana):   8.000.000
Principales productos de exportación: carne, trigo, lana
Principales compradores: Italia, Estados Unidos, Brasil

ción y cultura. La Argentina desprecia la inferioridad de sus vecinos hispanoamericanos, y éstos a su vez se resienten de la superioridad argentina.

    En su enorme extensión, la Argentina ofrece una gran variedad de atracciones turísticas, pero dada la gran distancia que hay entre esta república y Estados Unidos, muy pocos turistas norteamericanos conocen la Argentina. El sur de la república es especial para

despreciar: to despise

los deportistas. Un norteamericano o un europeo con suficiente tiempo y dinero para gozar de unas buenas vacaciones puede llegar a la Argentina en julio o agosto si desea esquiar en las laderas nevadas de los Andes. Pero si prefiere ir a las playas del Atlántico deberá viajar en diciembre o enero. Al preparar el viaje hay que considerar que entre los hemisferios norte y sur las estaciones son opuestas. De manera que cuando en los Estados Unidos es invierno y hace frío, en la Argentina es verano y hace calor. El balneario argentino más popular es Mar del Plata, a unas 250 millas al sur de Buenos Aires. Cada dos años se celebra en Mar del Plata un famoso festival de cine donde participan producciones de todas partes del mundo.

estación: season

balneario: beach resort

IV

La región más desarrollada de la Argentina es la famosa pampa, que se extiende desde Buenos Aires hacia el interior de la república, ocupando casi una cuarta parte del territorio nacional. En otras palabras, el área de la pampa es unas cuatro veces más grande que el área de Iowa. Este estado norteamericano y la pampa argentina se parecen por la excelente calidad de sus respectivas tierras. Ninguna otra región de Hispanoamérica es tan fértil como la pampa. Además de ser una región dedicada a la crianza de ganado y al cultivo de granos y cereales, es también la región donde está concentrada la población en los principales centros urbanos e industriales de la república. Éstos están separados por enormes espacios rurales.

Parte de la historia de la Argentina del siglo XIX se refiere al desarrollo de la pampa, y entre el desarrollo de esta región y el del interior de los Estados Unidos hay algunos aspectos similares. Los recursos económicos, técnicos y humanos de Europa contribuyeron al desarrollo de ambas naciones. La Argentina, como los Estados Unidos, fue una nación que abrió sus puertas a la inmigración europea. Por eso es que hoy muchos argentinos son de origen inglés, irlandés, alemán e italiano.

El desarrollo de la pampa comenzó con la llegada de los primeros europeos y del capital inglés. Los ingleses invirtieron grandes cantidades de dinero en la Argentina y una de sus grandes contribuciones al desarrollo nacional fue la construcción de una vasta red de ferrocarriles que puso en contacto con Buenos Aires a toda la pampa. Los ingleses también contribuyeron al desarrollo de la industria del ganado, introduciendo animales y pastos de mejor calidad. Y en los últimos años del siglo XIX esta industria alcanzó una prosperidad sin precedente. La aparición de los barcos refrigerados en la navegación transatlántica hizo posible por primera vez la exportación de carne argentina a los mercados de Inglaterra y del resto de Europa.

La víctima de la transformación económica de la pampa fue el gaucho. El capital extranjero y los inmigrantes comenzaron a cercar la pampa y a controlar el ganado. El gaucho tuvo que aceptar la civilización, y en la Argentina de hoy el gaucho nómada sólo aparece en la historia, la literatura y el folklore. La literatura gauchesca tiene su origen en las canciones populares creadas por los mismos gauchos del pasado. Al gaucho que vivía en la pampa primitiva le gustaba tocar la guitarra e improvisar canciones. Con la música llenaba la soledad de la llanura y expresaba sus emociones y actitudes. El tipo de gaucho que adquirió fama por su talento artístico se llama "payador", y fue un artista popular comparable al trovador o juglar de la Edad Media europea. En las reuniones diarias el payador siempre estaba presente para entretener con sus canciones a sus compañeros gauchos. Era guitarrista y coplero, un músico-poeta que improvisaba de acuerdo con los sentimientos del momento y los deseos del público.

Con el tiempo la literatura gauchesca evolu-

invertir: to invest

red: network

pasto: grass

cercar: to fence

entretener: to entertain
coplero: maker of *coplas,* popular Spanish verses
evolucionar: to evolve

cionó. Dejó de ser un repertorio de canciones improvisadas que se transmitían oralmente y se convirtió en una literatura formal que es muy importante para conocer la vida de los gauchos: sus costumbres, sensaciones, actitudes y creencias. Casi toda esta literatura gauchesca es de la época en que el gaucho estaba perdiendo terreno, víctima de la civilización que se iba extendiendo de Buenos Aires al interior primitivo de la pampa. El largo poema *Martín Fierro,* publicado en 1872, es una de las mejores obras inspiradas por la realidad gauchesca del siglo XIX. Este poema se refiere a la vida de Martín Fierro, un gaucho bueno que, maltratado por las autoridades locales, se convierte en un gaucho malo, *an outlaw.* José Hernández, el autor de *Martín Fierro,* era un admirador de los gauchos y un enemigo del movimiento civilizador. Por eso en su obra aparece un gaucho que es moralmente superior a los hombres que representan la civilización. Estos representantes destruyen a Martín Fierro porque son funcionarios públicos corrompidos por el poder que ejercen como autoridades del gobierno. Como víctima de la injusticia, Martín Fierro representa al héroe del pueblo que lucha contra la corrupción política, y en este sentido es un personaje de gran popularidad dentro y fuera de la Argentina.

ejercer: to exercise

En la actualidad la pampa constituye la riqueza principal de la Argentina y provee de carne a una población que la come en grandes cantidades. La Argentina tiene 24 millones de habitantes, todos devoradores de carne. Los marcados contrastes entre gauchos primitivos e inmigrantes europeos han desaparecido. La población es homogénea y tiene un alto nivel de educación, comparable a los niveles de Chile y Uruguay. De todas las repúblicas hispanoamericanas, la Argentina es la que tiene menos analfabetos; solamente el ocho por ciento de la población no sabe leer ni escribir. En Uruguay y Chile este porcentaje aumenta en uno y tres por ciento, respectivamente.

proveer: to provide

En cada república hispanoamericana la vida in-

LOS DEPORTES

El deporte favorito en toda Hispanoamérica es el fútbol, y entre los mejores jugadores están los argentinos y los uruguayos. Este deporte fue introducido en el Río de la Plata por los ingleses. Los primeros equipos argentinos y uruguayos se formaron en los últimos años del siglo XIX.

Cada equipo de fútbol está formado por once jugadores y ninguno, excepto el portero o guardameta, puede tocar la pelota con las manos. Ésta es la regla fundamental del juego. Es un juego rápido que requiere mucha coordinación. El evento futbolístoco internacional más importante es el Campeonato Mundial, *the World Soccer Cup*, que se juega cada cuatro años. El primero fue en 1930 y tuvo lugar en Montevideo.

portero o guardameta: goalie

En las repúblicas rioplatenses se juegan otros deportes además del fútbol. Como el ganado es tan importante en la región, miles de rioplatenses tienen gran interés en las competencias hípicas y en los deportes que se juegan a caballo, como el polo y el pato. El pato, una combinación de polo y básquetbol, es un juego muy emocionante que los gauchos jugaban con mucha violencia.

competencia hípica: horse show

pato: duck

telectual y artística se concentra en la ciudad capital. En el caso de la Argentina, Buenos Aires es un centro de arte y cultura internacionalmente famoso y uno de los principales en el mundo de habla española. En toda Hispanoamérica, México es la única ciudad capital con una actividad musical, teatral, literaria y cinematográfica comparable a la de Buenos Aires. Ambas ciudades atraen actores, cantantes, poetas y novelistas que buscan oportunidades que no existen en las repúblicas más pequeñas. Las industrias editoriales de México y la Argentina exportan al resto del mundo de habla española libros y revistas; las industrias cinematográficas, películas para el cine y la televisión. En México, el símbolo musical más ilustre es el Palacio de Bellas Artes; en Buenos Aires, es el elegante Teatro Colón, donde se representan óperas clásicas y modernas con la participación de los más distinguidos cantantes del mundo operático. El Teatro Colón comparte con el Metropolitan de Nueva York y La Scala de Milán un prestigio internacional.

El notable desarrollo artístico y cultural argentino contrasta marcadamente con otros aspectos del desarrollo nacional. En la historia política de las últimas décadas predomina la figura de Juan Domingo Perón, quien gobernó de 1946 a 1955. El régimen peronista creó una dictadura apoyada por el pueblo como resultado de una alianza entre el gobierno y los sindicatos obreros. Perón se proclamó defensor de los derechos de los trabajadores, y su gran ambición fue transformar a la Argentina en una potencia industrializada. En 1955 un golpe militar lo forzó a abandonar el poder y hoy vive en España como exilado político. Pero aunque el líder está ausente, el peronismo no ha muerto en la Argentina. Hasta la fecha los trabajadores siguen siendo sus fieles partidarios, pero los militares han impedido el retorno del peronismo al poder.

Económica y políticamente la Argentina de hoy es una tragedia, y en este sentido se parece mucho a las naciones hispanoamericanas menos afortunadas. A pesar de sus grandes recursos naturales y de su población homogénea e instruida, la Argentina ha sido incapaz de crear instituciones democráticas y de

sindicato obrero: labor or trade union

afortunado: fortunate

instruido: well educated

dirigir su economía de la manera más favorable. Pocas son las ocasiones en que la vida política de la nación no ha estado dominada por dictadores y militares. Los argentinos aspiran a que su nación sea una de las primeras en el mundo, pero los conflictos internos no han facilitado la realización de esta aspiración.

INTRODUCCIÓN: EL DESARROLLO HISTÓRICO

COGNATE RECOGNITION

A.

Many Spanish nouns that end in "*-ión*" are easily recognized cognates of English nouns that end in "-ion."

opinión	opinion
región	region
dimensión	dimension

The letter "t" which in English appears in front of the suffix "-ion" frequently becomes a "c" in similar Spanish nouns.

nación	nation
reacción	reaction
tradición	tradition

Write the English cognates of the following Spanish words appearing in this reading.

1. declaración	_____	8. expedición	_____
2. dominación	_____	9. situación	_____
3. evolución	_____	10. transformación	_____
4. institución	_____	11. civilización	_____
5. fragmentación	_____	12. excepción	_____
6. oposición	_____	13. revolución	_____
7. tensión	_____	14. introducción	_____

B.

The following Spanish words are also easily recognized cognates of English words. Write the English words in the spaces provided.

1. social	————	16. modelo	————
2. colonial	————	17. humano	————
3. radical	————	18. aspecto	————
4. colosal	————	19. moderno	————
5. popular	————	20. república	————
6. visible	————	21. reforma	————
7. honor	————	22. problema	————
8. virgen	————	23. sistema	————
9. altar	————	24. símbolo	————
10. católico	————	25. representar	————
11. continente	————	26. participar	————
12. parte	————	27. incorporar	————
13. importante	————	28. celebrar	————
14. contraste	————	29. constituir	————
15. diferente	————	30. contribuir	————

WORD STUDY

A.

In Spanish many nouns and verbs are closely interrelated in meaning and form. Study the following word groups and then complete the sentences that follow with the appropriate verb form or noun derivative of the infinitives in parentheses.

VERB	NOUN (the action)	NOUN (the performer)
descubrir (to discover)	el descubrimiento	descubridor
conquistar (to conquer)	la conquista	conquistador
escribir (to write)	el escrito	escritor
trabajar (to work)	el trabajo	trabajador

EXAMPLE: (descubrir)

¿En qué año ocurre el ————— de América, y quién es la persona que ————— este continente?

¿En qué año occure el descubrimiento de América, y quién es la persona que descubre este continente?

1. (trabajar) Ana María _____ en una oficina como secretaria. Ella dice que su _____ no es interesante.

2. (conquistar) ¿En qué año occure la _____ de México y cómo se llama el _____?

3. (conquistar) Los españoles _____ América en el siglo XVI. Hernán Cortés es un _____ español.

4. (escribir) John Steinbeck es un _____ prolífico. _____ novelas de la vida rural norteamericana.

VERB	NOUN (the action)	NOUN (the performer)
estudiar (to study)	el estudio	estudiante
visitar (to visit)	la visita	visitante, visita
gobernar (to govern)	el gobierno	gobernante

5. (estudiar) Juan y María _____ español; el profesor dice que son buenos _____.

6. (gobernar) El _____ del presidente Vargas no es bueno. El señor Vargas no es un _____ democrático.

7. (visitar) Hoy llega el presidente de México. Es un _____ distinguido y su _____ es importante para las relaciones internacionales.

8. (visitar) En la ciudad de México hay muchos _____ de los Estados Unidos. Llegan en automóvil y _____ las tiendas, los museos y la universidad.

B.

The Spanish suffix "-mente" often appears in adverbs formed from adjectives.

ADJECTIVE	ADVERB
anual	anualmente
rápido, -a	rápidamente

When the adjective has an "-o" ending in the masculine form and an "-a" ending in the feminine form, the "-mente" suffix is attached to the latter as shown in the second example. The English suffix "-ly" corresponds to the Spanish "-mente."

anual (annual)   anualmente (annually)
rápido, -a (rapid)   rápidamente (rapidly)

In a series the Spanish suffix "-mente" appears only in the final word.

rápida y arbitrariamente   (rapidly and arbitrarily)

Write the adverb that corresponds to each of the following adjectives.

1. primitivo, -a   _____
2. extraordinario, -a   _____
3. vigoroso, -a   _____
4. frecuente   _____
5. especial   _____
6. profundo, -a   _____
7. personal   _____
8. fundamental   _____

C.

In Spanish most present participles end in "-ando" and "-iendo." These endings are attached to the verb stem. The ending "-ando" corresponds to "-ar" verbs, and "-iendo" to "-er" and "-ir" verbs.

INFINITIVE	PRESENT PARTICIPLE
comenzar	comenzando
vender	vendiendo
ocurrir	ocurriendo

Verb forms ending in "-ando" or "-iendo" are equivalent to English verb forms ending in "-ing."

comenzar (to begin)   comenzando (beginning)
vender (to sell)   vendiendo (selling)
ocurrir (to take place)   ocurriendo (taking place)

Write the present participle of the following verbs.

1. trabajar   _____
2. hablar   _____
3. comprar   _____
4. esperar   _____
5. ser   _____
6. comprender   _____
7. vivir   _____
8. salir   _____

NOTES ON EQUIVALENT CONSTRUCTIONS

A.

The English equivalent of certain nominalized constructions in Spanish requires the use of "that" or "those" in place of the omitted noun.

la república de México y las de Centroamérica
the republic of Mexico and those of Central America

civilizaciones como la de los indios mayas
civilizations like that of the Maya Indians

Demuestran una habilidad superior a la de los pueblos vecinos.
They show an ability superior to that of neighboring peoples.

B.

The Spanish construction "*se* + third-person verb form" is equivalent to several constructions in English.

Both the Spanish construction and its English equivalent are reflexive.

esta república se declara independiente
this republic declares itself independent

The Spanish construction is reflexive, but not its English equivalent.

> *las culturas aborígenes se desarrollan*
> the aboriginal cultures develop

> *las leyendas se refieren al origen*
> the legends refer to the origin

The Spanish construction is reflexive, but its English equivalent is passive.

> *se habla español*
> Spanish is spoken

> *la palabra se usa*
> the word is used

The Spanish construction is equivalent to a number of indefinite constructions in English.

> *En cada nación se trabaja vigorosamente.*
> In each nation people work vigorously.
> In each nation they work vigorously.

> *Se dice que México es singular.*
> It is said that Mexico is singular (unique).
> One says that Mexico is singular.
> People say that Mexico is singular.
> They say that Mexico is singular.

LA REPÚBLICA DE MÉXICO

COGNATE RECOGNITION

A.

Many Spanish nouns that end in "*-dad*" are easily recognized cognates of English nouns that end in "-ty."

universidad	university
popularidad	popularity

Write the English cognates of the following Spanish words.

1. superioridad _____
2. actividad _____
3. sociedad _____
4. proximidad _____
5. realidad _____

6. oportunidad_____
7. comunidad _____
8. estabilidad _____
9. crueldad _____
10. habilidad _____

B.

The following Spanish words appearing in this reading are also easily recognized cognates of English words. Write the English words in the spaces provided.

1. nacional _____
2. monumental_____
3. favorito _____
4. candidato _____

5. presidente _____
6. elegante _____
7. concepto _____
8. árido _____

9. turismo	_____	17. abandonar	_____
10. influencia	_____	18. observar	_____
11. violencia	_____	19. combatir	_____
12. historia	_____	20. preferir	_____
13. victoria	_____	21. permitir	_____
14. visitar	_____	22. investigar	_____
15. demandar	_____	23. emigrar	_____
16. formar	_____	24. contemplar	_____

C.

Deceptive cognates are those that no longer share the same original meaning. The Spanish adjective *"actual"* is a deceptive cognate of the English "actual." Study the following explanations of *actual, actualmente,* and *actualidad.*

> *actual:*   present-day, current
>
> The Spanish adjective *actual* means *que existe en el tiempo presente,* and therefore it is not a true cognate of the English adjective actual.
>
> *actualmente* or *en la actualidad:*   at present, currently, at the present time
>
> The adverb *actualmente* and the noun *actualidad* are derivatives of the Spanish adjective *actual.*
>
> *ser de actualidad:*   to be of current interest

Write the English translation of the following sentences.

1. Actualmente la oposición no tiene poder.

   _____

2. ¿Aprendes español en la actualidad?

   _____

3. La situación actual no es buena.

   _____

4. Como resultado de la independencia de Hispanoamérica, las repúblicas actuales son 18.

   _____

   _____

5. Las relaciones son cordiales actualmente.

   _____

6. No es un problema de actualidad.

   _____

7. El gobierno actual es revolucionario.

   _____

8. Carlos Fuentes es un escritor de actualidad.

   _____

9. Es una persona muy famosa en la actualidad.

   _____

WORD STUDY

A.

The Spanish suffix "*-ión*" preceded by "c" or "s" frequently appears in nouns formed from verbs.

VERB	NOUN
organizar (to organize)	organización
contestar (to answer)	contestación
celebrar (to celebrate)	celebración
considerar (to consider)	consideración
educar (to educate)	educación
dominar (to dominate)	dominación
implementar (to implement)	implementación
distribuir (to distribute)	distribución
contribuir (to contribute)	contribución
producir (to produce)	producción
introducir (to introduce)	introducción
discutir (to discuss)	discusión

Answer the following questions according to the examples.

EXAMPLES: ¿Quién va a organizar un grupo para ir a México?
             ¿Enrique?

             Si, la organización del grupo es asunto de Enrique.

¿Quién va a introducir las reformas? ¿El gobierno?

Si, la introducción de las reformas es asunto del gobierno.

1. ¿Quién va a organizar la campaña? ¿El presidente?

_____

2. ¿Quiénes van a contestar la pregunta? ¿Los estudiantes?

_____

3. ¿Quiénes van a discutir el problema? ¿Los profesores?

_____

4. ¿Quién va a implementar el programa? ¿La universidad?

_____

5. ¿Quiénes van a producir mas automóviles? ¿Los trabajadores?

_____

6. ¿Quién va a distribuir los libros? ¿Francisco?

_____

7. ¿Quién va a educar a los indios? ¿El gobierno?

_____

8. ¿Quiénes van a celebrar el Día de la independencia? ¿Los estudiantes?

_____

B.

In Spanish most past participles end in "*-ado*" or "*-ido.*" These endings are attached to the verb stem. The ending "*-ado*" corresponds to "*-ar*" verbs, and "*-ido*" to "*-er*" and "*-ir*" verbs.

INFINITIVE	PAST PARTICIPLE
conquistar	conquistado
comer	comido
existir	existido

Spanish past participles are equivalent to English past participles, but the Spanish regular "*-ado*" and "*-ido*" endings do not always correspond to the regular "*-ed*" ending of the English past participle.

conquistar (to conquer)	conquistado (conquered)
comer (to eat)	comido (eaten)
existir (to exist)	existido (existed)

In Spanish a past participle used as an adjective agrees with the noun and generally follows it.

un territorio conquistado	una ciudad conquistada
unos territorios conquistados	unas ciudades conquistadas

Write the past participle of each of the following verbs. Then use the participle to modify the noun in the right-hand column.

1. conquistar   _____   el pueblo   _____
2. colonizar   _____   las regiones   _____
3. abandonar   _____   la ciudad   _____
4. conocer   _____   el lugar   _____
5. destruir   _____   los edificios   _____
6. dividir   _____   las naciones   _____
7. preferir   _____   la actividad   _____

NOTES ON EQUIVALENT CONSTRUCTIONS

A.

In Spanish the present perfect construction consists of the present-tense forms of "*haber*" + a past participle. This construction corresponds to the English "have" + the past participle. When used in the present perfect construction the Spanish past participle does not vary to agree with the noun.

PRESENT TENSE OF HABER	PAST PARTICIPLE
he	
has	
ha	
hemos	-ado or -ido
habéis	
han	

han abandonado have abandoned	*ha vivido* has lived
han alcanzado have reached	*ha destruido* has destroyed
han decidido have decided	*ha sido* has been

B.

The prepositional phrase "*de* + infinitive" appearing as an adjective modifying a noun or another adjective corresponds to an English infinitive.

el poder de hacer
the power to make

el derecho de seleccionar
the right to select

la oportunidad de hacer
the opportunity to make

es difícil de comprender
it is hard to understand

PRELIMINARY EXERCISES FOR CHAPTER THREE
LA TRANSFORMACIÓN AGRARIA

COGNATE RECOGNITION

A.

Spanish words that are easily recognized cognates of English words beginning with "s" + a consonant require an initial "e." In Spanish no word ever begins with "s" + a consonant.

estación   station
estatua   statue

Write the English cognates of the following Spanish words.

1. estado   _____   5. especial   _____
2. estable   _____   6. estructura   _____
3. escena   _____   7. específico   _____
4. escala   _____   8. estimular   _____

B.

The following Spanish words are also easily recognized cognates of English words. Write the English words in the spaces provided.

1. simple   _____   5. parcela   _____
2. miserable   _____   6. práctica   _____
3. suficiente   _____   7. abundancia   _____
4. ignorante   _____   8. importar   _____

9. transformar	_____	12. poseer	_____
10. controlar	_____	13. dividir	_____
11. expresar	_____	14. servir	_____

WORD STUDY

A.

The Spanish suffixes "*-amiento*" and "*-imiento*" frequently appear in nouns derived from a verb stem. The suffix "*-amiento*" appears in nouns derived from "*-ar*" verbs, and "*-imiento*" in nouns derived from "*-er*" and "*-ir*" verbs.

VERB		NOUN	
pensar	(to think)	pensamiento	(thought)
reconocer	(to recognize, to acknowledge)	reconocimiento	(recognition, acknowledgment)
resentir	(to resent)	resentimiento	(resentment)

Complete the following word relationships with the correct English equivalent.

1. descubrir	to discover	descubrimiento	_____
2. establecer	to establish	establecimiento	_____
3. crecer	to grow	crecimiento	_____
4. conocer	to know	conocimiento	_____
5. mover	to move	movimiento	_____
6. nacer	to be born	nacimiento	_____
7. sentir	to feel	sentimiento	_____
8. mejorar	to improve	mejoramiento	_____

B.

The Spanish suffixes "*-able*" and "*-al*" frequently appear in adjectives formed from nouns. These suffixes correspond to similar ones in English.

NOUN	ADJECTIVE
favor (favor)	favorable
miseria (misery)	miserable
cultivo (cultivation)	cultivable
admiración (admiration)	admirable
nación (nation)	nacional
colonia (colony)	colonial
monumento (monument)	monumental
tradición (tradition)	tradicional

The Spanish suffix "-oso" is another common suffix in adjectives formed from nouns. English suffixes "-ous" and "-ful" correspond to Spanish "-oso."

NOUN	ADJECTIVE
montaña (mountain)	montañoso
número (number)	numeroso
poder (power)	poderoso
sabor (flavor)	sabroso

Translate the following phrases into Spanish. Remember that adjectives agree in number and gender with the nouns they modify.

1. the favorable part

_____

2. the favorable situations

_____

3. the miserable contrast

_____

4. the miserable condition

_____

5. the National Palace

_____

6. the national heroes

_____

7. the colonial city

_____

8. the colonial years

_____

9. the traditional system

_____

10. the traditional structures

_____

11. the numerous candidates

_____

12. the numerous wars

_____

13. the mountainous region

_____

14. the mountainous regions

_____

15. the powerful Indians

_____

16. the powerful government

_____

NOTES ON EQUIVALENT CONSTRUCTIONS

In Spanish most compound prepositions consist of an adverb followed by *de*. *De* acts as a connecting element between the adverb and the object.

> *Los indios eran poderosos antes.*
> The Indians were powerful before.

> *Eran poderosos antes de la llegada de los conquistadores.*
> They were powerful before the arrival of the conquerors.

> *Viven cerca.*
> They live near (nearby).

> *Viven cerca de la capital.*
> They live near (close to) the capital.

> *El guerrero regresa después.*
> The warrior returns later.

> *Regresa después de muchos años.*
> He returns after many years.

LOS HOMBRES DE MAÍZ

COGNATE RECOGNITION

A.

Many Spanish words that end in "*-ia*" or "*-ía*" are easily recognized cognates of English nouns that end in "-y."

democracia	democracy
economía	economy

Other Spanish words that also end in "*-ia*" are easily recognized cognates of English nouns that end in "-e."

importancia	importance
conciencia	conscience

Write the English cognates of the following Spanish nouns.

1. sociología	_____	5. geografía	_____
2. teoría	_____	6. urgencia	_____
3. arqueología	_____	7. violencia	_____
4. antropología	_____	8. independencia	_____

B.

The following Spanish words appearing in this reading are also easily recognized cognates of English words. Write the English words in the spaces provided.

1. artista	_____	13. ingrediente	_____
2. economista	_____	14. emigrante	_____
3. antropólogo	_____	15. emigrar	_____
4. sociólogo	_____	16. elaborar	_____
5. arquitecto	_____	17. formular	_____
6. proyecto	_____	18. transportación	_____
7. extinto	_____	19. transportar	_____
8. rudimentario	_____	20. aceptar	_____
9. pagano	_____	21. abandonar	_____
10. religión	_____	22. adquirir	_____
11. origen	_____	23. determinar	_____
12. tropical	_____	24. continuar	_____

C.

Study the following explanations of *darse cuenta, realizar,* and *hacerse realidad.*

darse cuenta de: to realize (to become aware)
realizar: to realize (to make real)

Realizar means *hacer realidad,* and it is a cognate of "to realize" only in this sense. *Realizar* is frequently used in Spanish as the equivalent of "to accomplish," "to carry out," or "to fulfill."

hacerse realidad: to come true

Write the English translation of the following sentences.

1. Es imposible realizar este proyecto.

   _____

2. Él no se da cuenta de la importancia del descubrimiento.

   _____

3. Los planes del señor Stephens no se hacen realidad.

   _____

4. Susana comprende que es una idea imposible de realizar.

   _____

5. Nos damos cuenta del problema.

   _____

6. La construcción del Canal de Panamá se realiza después de muchos años.

_____

7. La conquista de Guatemala es realizada por Pedro de Alvarado.

_____

8. Van a Yucatán para realizar unos estudios arqueológicos.

_____

WORD STUDY

The Spanish prefixes *"des-," "in-,"* and *"im-"* frequently reverse the meaning of a word.

equilibrio	desequilibrio
favorable	desfavorable
suficiente	insuficiente
posible	imposible

The English prefixes "dis-," "in-," "im-," and "un-" frequently perform the same function as the Spanish *"des-," "in-,"* and *"im-."*

tapar (to cover)	destapar (to uncover)
aparecer (to appear)	desaparecer (to disappear)
justo (just)	injusto (unjust)
decente (decent)	indecente (indecent)
perfecto (perfect)	imperfecto (imperfect)

Complete the following word relationships with the correct English equivalent.

1.	necesario	necessary	innecesario	_____
2.	conocido	known	desconocido	_____
3.	favorable	favorable	desfavorable	_____
4.	aparición	appearance	desaparición	_____
5.	ventaja	advantage	desventaja	_____
6.	hacer	to do	deshacer	_____
7.	dependiente	dependent	independiente	_____
8.	suficiente	sufficient	insuficiente	_____
9.	posible	possible	imposible	_____
10.	equilibrio	balance	desequilibrio	_____

INTRODUCCIÓN: EL DESARROLLO HISTÓRICO

PART I

1. ¿Qué lenguas se hablan en el Nuevo Mundo?
2. ¿Qué lengua se habla en Hispanoamérica?
3. ¿Qué religión predomina?
4. ¿Cuántas repúblicas incluye Hispanoamérica?
5. ¿Cuáles son los períodos principales de la historia hispanoamericana?
6. ¿Por qué es misterioso el mundo precolombino?
7. ¿Cuándo aparece el hombre en nuestro hemisferio?
8. ¿Qué aprende a hacer?
9. ¿Qué hace posible la agricultura?
10. ¿Qué encuentran los españoles en el Nuevo Mundo?
11. ¿Qué ve Colón en Cuba?
12. ¿Quién es Hernán Cortés?
13. ¿Qué están haciendo los indios que ve Cortés en Tenochtitlán?
14. ¿Quiénes son los indios más avanzados cuando llegan los españoles?

PART II

1. ¿Qué representan el descubrimiento y la conquista?
2. ¿Qué expedición conquista a los aztecas?
3. ¿Y a los incas?
4. ¿Qué río descubre la expedición de Orellana?
5. ¿En qué continente está este río?
6. ¿Qué introducen los españoles en el campo?
7. ¿Y en la música?
8. ¿Qué representa el período colonial?
9. ¿Es visible la herencia colonial en las ciudades?

10. ¿Qué ciudades son el centro del poder español?
11. ¿Son los indios convertidos al cristianismo?
12. ¿Qué hacen los indios bajo la dirección de los misioneros?
13. ¿Qué inspiran los temas religiosos?
14. ¿Cree usted que hay diferencias entre el catolicismo hispanoamericano y el norteamericano?

PART III

1. ¿Qué representa la independencia?
2. ¿Quiénes son los criollos?
3. ¿Quiénes son los peninsulares?
4. ¿A quiénes admiran los criollos?
5. ¿Quiénes son los principales héroes de la independencia?
6. ¿Cuál es el resultado inmediato de la independencia?
7. ¿Qué impide el desarrollo de las naciones hispanoamericanas en el siglo XIX?
8. ¿Qué es el gran problema de la sociedad hispanoamericana contemporánea?
9. ¿Qué dice Octavio Paz con respecto a la revolución en Hispanoamérica?
10. ¿De qué es resultado la revolución que está ocurriendo?
11. ¿Cuáles son las revoluciones hispanoamericanas de más transcendencia?
12. En casos como el de México y Cuba, ¿a qué se refiere el concepto "revolución"?

QUESTIONS FOR CHAPTER TWO
LA REPÚBLICA DE MÉXICO

PART I

1. ¿Quiénes visitan México?
2. ¿A qué van a México los norteamericanos?
3. ¿Es Acapulco una ciudad del interior?
4. ¿Qué estados norteamericanos son parte de México antes de 1848?
5. ¿Cómo es la ciudad de México?
6. ¿Es un puerto la ciudad de México?
7. ¿Dónde está presente la historia de la república?
8. ¿Es México una monarquía?
9. ¿Hay elecciones presidenciales cada cuatro años como en los Estados Unidos?
10. ¿Qué saben los mexicanos durante la campaña?
11. ¿Es poderoso el PRI?
12. ¿Son poderosos los partidos de oposición?
13. ¿Cómo considera usted la expresión *one-party democracy?*
14. ¿Es México fácil de comprender?
15. ¿Dicen los mexicanos que existen otras repúblicas como México?

PART II

1. ¿Cómo es la historia de México?
2. ¿Qué pasa en los tiempos prehispánicos?
3. ¿Y después?
4. ¿Es la Revolución un acontecimiento del siglo XIX?
5. ¿Quiénes fundan Tenochtitlán?
6. ¿Qué es Tenochtitlán hoy?
7. ¿Para los aztecas, ¿qué funciones tiene la guerra?
8. ¿A quiénes sacrifican los aztecas?

9. ¿Quiénes son más poderosos, los aztecas o los españoles?
10. ¿Quién es Cuauhtémoc?
11. ¿Qué representa?
12. ¿Cuál es el nombre colonial de México?
13. ¿Qué imponen los españoles en el Nuevo Mundo?
14. ¿De qué es resultado la población actual de México?

PART III

1. ¿Cómo comienza la Revolución Mexicana?
2. ¿Qué representa la Constitución de 1917?
3. ¿Hay grandes diferencias entre el México prerrevolucionario y el de hoy?
4. ¿Qué refleja el arte de los murales?
5. ¿Es Diego Rivera un presidente famoso?
6. ¿Cómo interpreta Rivera la historia de México?
7. ¿A qué se refieren las novelas de la Revolución?
8. ¿Todos los escritores mexicanos creen en la Revolución?
9. ¿Qué denuncia Carlos Fuentes?
10. ¿A qué clase social ataca?

PART IV

1. ¿Hay muchas montañas en México?
2. ¿En que región vive la mitad de la población?
3. ¿Cómo es esta región?
4. ¿Cómo se llaman los dos volcanes que están cerca de la capital?
5. ¿Muere Ixtaccíhuatl antes del regreso de Popocatépetl?
6. ¿Qué hace Popocatépetl cuando regresa de la guerra?
7. ¿Por qué no son favorables para la agricultura las tierras mexicanas?
8. ¿Cuál es el producto principal?
9. ¿Para qué se usa el maíz?
10. ¿Son suficientes los recursos naturales de México?
11. ¿Para qué sirven los proyectos de irrigación?
12. ¿Dónde son más áridas las tierras?
13. ¿Es Monterrey un centro turístico?
14. ¿Es importante el turismo para la economía mexicana?
15. ¿Que condición favorece el desarrollo de esta industria?

LA TRANSFORMACIÓN AGRARIA

PART I

1. ¿Existe en el Nuevo Mundo la propiedad individual antes de la llegada de los españoles?
2. ¿Qué representa "la encomienda"? ¿Una distribución de indios o de tierras?
3. ¿Quiénes llegan a ser dueños ilegales de la tierra?
4. ¿Para quién trabajan los campesinos que viven en una hacienda?
5. ¿Qué diferencias hay entre campesinos y hacendados?
6. Cuando la estructura del campo es "feudal", ¿quiénes controlan las tierras productivas?
7. ¿Qué constituye uno de los principales aspectos de la modernización de Hispanoamérica?
8. ¿A qué se refiere el concepto "reforma agraria"?

PART II

1. ¿En qué tiene su origen la reforma agraria mexicana?
2. ¿Quiénes son los líderes campesinos de la Revolución?
3. ¿Hay hacendados poderosos en el México de hoy?
4. ¿Se puede decir que la reforma agraria es un instrumento para transformar el sistema de la tenencia de la tierra?
5. ¿Dónde trabajan actualmente los campesinos mexicanos? ¿En haciendas grandes?
6. ¿Que garantiza la reforma agraria?
7. En México, ¿quién es dueño de los recursos naturales?
8. ¿Por qué los mexicanos interpretan la reforma agraria como un acto de justicia?
9. ¿Es la reforma agraria un tema que hoy tiene gran interés?

10. En México, ¿cómo han sido los resultados de la reforma agraria? ¿Excelentes?
11. Según algunos sociólogos y economistas, ¿qué puede hacer la reforma agraria?
12. ¿Quiénes se oponen a la reforma agraria?
13. ¿Es usted partidario o adversario de la reforma agraria en Hispanoamérica?

LOS HOMBRES DE MAÍZ

PART I

1. ¿Es calurosa la península de Yucatán?
2. ¿Qué sabor tiene el chicle en su estado natural?
3. ¿Dónde se desarrolla la civilización maya?
4. ¿Quién visita Centroamérica en 1839?
5. ¿Qué describe Stephens en su libro? ¿Su misión diplomática o sus aventuras como explorador?
6. ¿De qué se da cuenta Stephens?
7. ¿Dónde están las ruinas mayas que él quiere transportar a Nueva York? ¿Cerca o lejos de un río?
8. ¿Por qué no se hacen realidad los planes de Stephens?
9. ¿Los arqueólogos conocen muy bien el origen de los mayas?
10. ¿Existen varias teorías que explican la aparación del hombre en el Nuevo Mundo?
11. ¿Qué dice la más probable de estas teorías?
12. Para las tribus nómadas, ¿por qué es importante aprender a trabajar la tierra?
13. ¿Cuál es la base de la civilización maya?
14. ¿Los arquitectos e ingenieros mayas construyen grandes edificios gracias al conocimiento de la rueda?
15. ¿Cuál es el resultado de la observación astronómica?

PART II

1. ¿Cuándo desaparecen los mayas? ¿Antes o después de la llegada de los españoles?
2. ¿Conocen los arqueólogos las causas exactas de su desaparición?
3. ¿Es *Popol Vuh* el nombre de un centro arqueológico?

4. ¿Es un libro que, como el Génesis, habla de la creación del hombre?
5. ¿Dice el *Popol Vuh* que el maíz sirve para crear al hombre?
6. ¿Hay grandes diferencias entre los indios prehispánicos y los indios actuales?
7. ¿Los indios hablan español solamente?
8. ¿Cómo es la religión actual de los indios?
9. ¿Están los indios totalmente incorporados a la cultura occidental?
10. ¿En qué repúblicas es extensa la población indígena?

LAS REPÚBLICAS DE CENTROAMÉRICA

PART I

1. ¿Qué es Centroamérica para el poeta Pablo Neruda?
2. ¿Cree usted que esta imagen poética es apropiada? ¿Por qué?
3. ¿Cuántas repúblicas hay en Centroamérica?
4. ¿Cómo se llama la república más grande?
5. ¿Y la más pequeña?
6. ¿Por qué es serio el problema del crecimiento demográfico?
7. ¿Qué aumenta más rápidamente: la población o las oportunidades de trabajo?
8. ¿El problema del crecimiento demográfico existe solamente en Centroamérica?
9. ¿Para los hispanoamericanos cuál es más poderosa: una nación de veinte millones de personas o una nación de cinco millones?
10. ¿Cree usted que es necesario controlar el crecimiento de la población?
11. ¿Y los hispanoamericanos? ¿Creen lo mismo que usted?
12. ¿Cree usted que los Estados Unidos se consideran amenazados por el crecimiento demográfico de Hispanoamérica?
13. ¿Dónde vive más gente? ¿En el norte o en el sur de Centroamérica?
14. ¿Cuál es la ciudad centroamericana más grande?

PART II

1. ¿Por qué se dice que Guatemala es la tierra de la eterna primavera?
2. ¿Es Atitlán una ciudad?
3. ¿Qué hacen los indios que viven cerca de Atitlán?
4. ¿Cuál es el nombre colonial de Centroamérica?

5. ¿Qué civilización precolombina se desarrolla en Guatemala?
6. ¿Por qué es la educación de los indios un gran problema?
7. ¿Qué es la actividad principal de la población guatemalteca?
8. ¿Y el producto agrícola más importante?
9. ¿Qué revela gran parte de la literatura nacional?
10. ¿Cómo viven muchos personajes literarios creados por Miguel Ángel Asturias?
11. ¿Cómo es el estilo de este escritor?
12. ¿Dónde está El Salvador?
13. ¿Cómo se llama la capital de esta república?
14. ¿Qué revela esta ciudad?

PART III

1. ¿Cuál es el origen del nombre "Honduras"?
2. ¿Cuáles son las dos ciudades hondureñas principales?
3. ¿Es San Pedro Sula la capital?
4. ¿Es Honduras una república avanzada?
5. ¿Dónde está Nicaragua?
6. ¿Cómo se llama la capital nicaragüense?
7. ¿Quién es Rubén Darío?
8. ¿Qué representa la poesía modernista?
9. ¿Qué dice Darío que hay en su mundo poético?
10. ¿Cree usted que Darío es un poeta que denuncia las injusticias sociales?
11. ¿Cómo son sus imágenes y sus versos?
12. ¿Cómo está la princesa que describe?

PART IV

1. ¿Cómo se llama la capital de Costa Rica?
2. ¿Es ésta una república democrática?
3. ¿Hay grandes diferencias entre la población?
4. ¿Es alto el índice de alfabetismo?
5. ¿Hay en Costa Rica una rica tradición indígena, como en Guatemala?
6. ¿Qué cultivan los costaricenses?
7. ¿Qué es Panamá durante la época colonial?
8. ¿Qué ocurre en 1903? ¿Panamá se declara independiente de España?
9. ¿Cómo es el desarrollo histórico de Panamá? ¿Diferente del resto de Centroamérica?

10. ¿De qué depende la importancia de Panamá actualmente?
11. ¿Qué parte de Panamá está más desarrollada?
12. ¿Por qué Panamá no es realmente un puente entre los dos continentes americanos?
13. ¿Por qué no une a los dos continentes la Carretera Panamericana?
14. ¿Son estrechas las relaciones entre Centro y Suramérica?

PART V

1. ¿Las erupciones volcánicas son frecuentes en México y Centroamérica?
2. ¿Y también son frecuentes al sur de Centroamérica?
3. ¿Es fenomenal ver un volcán en erupción?
4. ¿Qué es el Izalco? ¿Un hotel o un volcán?
5. ¿Está en Guatemala?
6. ¿Actualmente está dormido el Izalco?
7. ¿Y el hotel? ¿Hay muchos turistas allí?
8. ¿Por qué son importantes las cenizas de un volcán?
9. ¿Qué productos agrícolas exporta Centroamérica?
10. ¿Creen los centroamericanos que la prosperidad económica de sus naciones depende de Estados Unidos?
11. ¿Quiere Estados Unidos pagar mejores precios por el café y las bananas?
12. ¿Qué limita el desarrollo industrial de Centroamérica?
13. ¿Qué van a producir los recursos forestales de Honduras?
14. ¿Qué ha servido de estímulo para las actividades comerciales y la inversión de capital?
15. ¿Qué república no es parte del mercado común?

EL CANAL DE PANAMÁ

PART I

1. ¿Qué hacen miles de hombres durante la época del *Gold Rush*?
2. ¿Qué acontecimientos ocurren casi al mismo tiempo?
3. ¿Cómo interpretan la aparición del oro los norteamericanos que creen en el "Destino Manifiesto"?
4. De acuerdo con estos norteamericanos, ¿de quién es Dios partidario?
5. ¿Cuándo comienza el éxodo hacia California?
6. ¿La colonización de California y la del Nuevo Mundo ocurren simultáneamente?
7. ¿Cuándo ocurre la colonización del Nuevo Mundo?
8. ¿Y la colonización de California?
9. ¿Quieren ser hombres ricos los conquistadores?
10. ¿Y los *forty-niners*?
11. ¿Es fácil para los *forty-niners* llegar a California?
12. ¿Es corto el viaje?
13. ¿Cuántas rutas marítimas hay?
14. ¿Qué repúblicas centroamericanas están en las rutas de los *forty-niners*?
15. ¿Dónde cree Vanderbilt que es posible abrir un canal interoceánico?
16. ¿Qué impide la realización de este proyecto?
17. ¿Bajo qué gobierno norteamericano se realiza la construcción del Canal de Panamá?

PART II

1. ¿De qué es resultado la creación de Panamá como una república independiente?

2. ¿Le da Colombia a los Estados Unidos los derechos para la ruta interoceánica?
3. ¿A quién ayuda entonces Estados Unidos?
4. ¿Hubiera podido Panamá separarse de Colombia sin la intervención norteamericana?
5. ¿Qué opina usted de este caso de intervención?
6. ¿Cómo consideran muchos hispanoamericanos la victoria norteamericana?
7. ¿Está usted de acuerdo con los estudiantes universitarios que demandan la nacionalización del Canal de Panamá?
8. ¿De qué depende la economía panameña?

EL PANORAMA ANTILLANO

PART I

1. ¿Dónde está el archipiélago de las Antillas?
2. ¿Hay grandes contrastes entre estas islas?
3. ¿Son todas hispanoamericanas?
4. ¿Cuál es la primera nación europea que domina el Caribe?
5. En la época colonial, ¿qué representa el Caribe para toda Europa?
6. ¿Qué naciones europeas son rivales de España?
7. ¿Qué lugares coloniza España?
8. ¿Qué lugares colonizan las naciones rivales?

PART II

1. ¿Qué elementos están presentes en todas las islas de las Antillas?
2. ¿Introducen los españoles el cultivo de la caña de azúcar?
3. ¿Qué require la producción de azúcar?
4. ¿Quiénes son los hombres fuertes que los españoles importan?
5. ¿Para qué sirven los argumentos teológicos referentes a la esclavitud?
6. ¿Qué representa la esclavitud de acuerdo con estos argumentos?
7. ¿Es africano el origen de algunas tradiciones populares del Nuevo Mundo?
8. ¿Ha influido la cultura africana en el cristianismo del Nuevo Mundo?
9. ¿Qué expresa la "poesía negra"?
10. ¿Qué denuncia?
11. ¿Quiénes escriben "poesía negra"? ¿Solamente los negros?
12. ¿Cuáles son algunas palabras onomatopéyicas que aparecen en el poema "Danza negra"?

CUBA, LA REPÚBLICA DOMINICANA Y PUERTO RICO

PART I

1. ¿Cómo llamó Colón a la gente que encontró en el Nuevo Mundo?
2. ¿Por qué la llamó así?
3. Desde los tiempos de Colón, ¿quiénes han luchado por la dominación de las Antillas?
4. ¿Es Cuba una de las repúblicas hispanoamericanas que está más cerca de los Estados Unidos?
5. ¿Qué es Cuba para Nicolás Guillén?
6. ¿Son áridas las tierras de Cuba?
7. ¿Es esta isla la mayor de las Antillas?
8. ¿Cuándo era La Habana un gran centro turístico?
9. ¿Qué exportaba Cuba a los Estados Unidos?
10. ¿Qué cambios ha impuesto la revolución de Fidel Castro?
11. ¿De dónde son los extranjeros que hoy visitan Cuba?
12. ¿Para qué usa el cubano la libreta de racionamiento?
13. ¿Cómo es la situación material de Cuba actualmente?
14. ¿Hay muchos cubanos descontentos que quieren abandonar la isla?

PART II

1. ¿Cuándo consiguió Cuba su independencia? ¿Antes o después que las otras repúblicas?
2. ¿Qué nación desea anexar a Cuba en el siglo XIX?
3. ¿Quién es José Martí?
4. ¿Cómo muere?
5. ¿Cómo interviene Estados Unidos en la lucha de los patriotas cubanos contra España?
6. ¿Qué adquieren los Estados Unidos como resultado de la guerra?

7. ¿Qué pierde España además de sus colonias?
8. ¿Qué precipita esta tragedia política?
9. ¿Qué producen los escritores de la "Generación del 98"?
10. Después de la guerra, ¿quiénes se declaran protectores de Cuba?
11. ¿Qué hace el ejército norteamericano?
12. ¿Dejan los Estados Unidos de intervenir en Cuba después de 1902?

PART III

1. ¿A qué contribuyeron las compañías agrícolas norteamericanas?
2. ¿En qué se convirtieron estas compañías?
3. ¿Quién controla la agricultura cubana hoy en día?
4. ¿Para quién trabaja el campesino?
5. ¿Quién compra ahora el azúcar? ¿Rusia o los Estados Unidos?
6. ¿Es Castro una figura controversial?
7. ¿Para quién es un tirano?
8. ¿Está usted de acuerdo con los jóvenes que consideran que Castro es un héroe?
9. ¿Permite Castro la oposición a su régimen?
10. ¿Qué exige?
11. Según él, ¿en qué está la gloria de la revolución?
12. ¿Cuál es el deber patriótico de cada cubano?

PART IV

1. ¿Qué repúblicas antillanas están al este de Cuba?
2. ¿Predominan los negros en Haití?
3. ¿Y en la República Dominicana?
4. ¿Por qué los dominicanos no aceptan que son negros en parte?
5. ¿Son áridas las tierras dominicanas?
6. ¿Quién fundó Santo Domingo?
7. ¿Han intervenido las fuerzas armadas norteamericanas en la República Dominicana?
8. ¿Cuándo fue la última vez que los *marines* invadieron la república?
9. ¿Por qué ordenó esta invasión el presidente Johnson?
10. ¿Cree usted que invasiones como ésta favorecen el desarrollo de las relaciones interamericanas? ¿Por qué?
11. ¿Fue Puerto Rico una de las colonias que perdió España en la Guerra de 1898 contra los Estados Unidos?

12. ¿Tienen los puertorriqueños los mismos derechos y obligaciones que los demás ciudadanos norteamericanos?
13. ¿Por qué es difícil comprender lo que quiere decir el nombre "Estado Libre Asociado"?
14. ¿Cómo se sienten los puertorriqueños respecto a sus relaciones con los Estados Unidos?
15. ¿Cree usted que Estados Unidos debe modificar estas relaciones?

COLOMBIA Y VENEZUELA

PART I

1. ¿Quién fue "El Dorado"?
2. ¿Qué creó el rumor de su existencia?
3. ¿Qué buscaban las expediciones que exploraron el norte de la América del Sur?
4. ¿Hoy en día qué naciones están en esta parte del continente?
5. ¿Qué fue Cartagena en la época colonial?
6. ¿Es Barranquilla otro puerto colonial?
7. ¿Qué exporta Colombia desde Barranquilla?

PART II

1. ¿Qué se formó cuando la Nueva Granada se declaró independiente?
2. ¿En qué se dividió la Gran Colombia?
3. ¿Cómo es el interior del territorio colombiano?
4. ¿Vive mucha gente en las llanuras?
5. ¿Es Bogotá una ciudad alegre?
6. ¿De qué tiene fama Colombia?
7. ¿Por qué se dice que Bogotá es la "Atenas de América"?
8. ¿Cómo es el aristócrata de Bogotá?
9. ¿Qué hace la mujer de clase aristocrática?
10. ¿Qué hacen las muchachas de las neuvas generaciones?
11. ¿Por qué las muchachas solteras no tenían la costumbre de salir solas?
12. ¿Son Germán Arciniegas y García Márquez famosos como poetas?
13. ¿De qué son víctimas los personajes de *Cien años de soledad*?
14. ¿Es mundialmente conocida esta novela?

PART III

1. ¿Por qué existen relaciones especiales entre Venezuela y Estados Unidos?
2. ¿En qué consiste la riqueza mineral de Venezuela?
3. ¿Qué había en el lago de Maracaibo cuando fue descubierto por los españoles?
4. ¿Qué quiere decir el nombre "Venezuela"?
5. ¿Todavía se elevan sobre el agua las casas primitivas de los indios?
6. ¿Va a aumentar la producción de petróleo en el futuro?
7. ¿Qué está haciendo el gobierno venezolano con el dinero que obtiene del petróleo?
8. ¿Qué cambio va a ocurrir en la industria?
9. ¿Cree usted que Venezuela debe nacionalizar la industria petrolera?
10. ¿Qué es *Wall Street* de acuerdo con la propaganda antinorteamericana?

PART IV

1. ¿Son los llanos del Orinoco una región de depósitos minerales?
2. ¿Dónde viven y trabajan los llaneros?
3. ¿Cómo presenta la novela *Doña Barbara* la vida en los llanos?
4. ¿Es Caracas una ciudad de los llanos?
5. ¿Cómo es la arquitectura de Caracas?
6. Describa el carácter de Simón Bolívar.
7. Como escritor y militar, ¿a quién atacó?
8. ¿Por qué tiene fama continental?
9. ¿De qué repúblicas es él libertador?
10. ¿Por qué no tenía amigos cuando murió?

LOS CONTRASTES GEOGRÁFICOS

PART I

1. ¿Dónde tuvieron lugar las batallas por la independencia de Suramérica?
2. ¿Qué fuerzas libertadoras avanzaron hacia Lima?
3. ¿Desde dónde atacó Bolívar?
4. ¿Y San Martín?
5. En el Perú, ¿qué fuerzas atacaron primero?
6. ¿Cómo murieron muchos soldados?
7. ¿En qué parte de la América del Sur están los Andes?
8. ¿Qué representa esta cordillera?
9. ¿Hay en los Andes picos más altos que el Aconcagua?
10. ¿Conoce usted a algún andinista?
11. ¿Qué era muy difícil cuando no había aviones?
12. ¿Dónde se fundó la primera línea aérea del Nuevo Mundo?

PART II

1. ¿Cómo es la selva que se extiende hacia el Atlántico?
2. Con la excepción de Chile, ¿cómo es la geografía de las repúblicas andinas?
3. ¿Qué contrastes hay entre las montañas y las selvas?
4. En la selva, ¿cómo es la naturaleza? ¿Favorable para el hombre?
5. ¿Cómo considera usted la expresión "infierno verde"? ¿Es apropiada como descripción de la selva? ¿Por qué?
6. ¿Se trabaja actualmente en la incorporación de la selva al mundo civilizado?
7. ¿Cree usted que en la selva se van a desarrollar centros urbanos?
8. ¿Existen ruinas prehispánicas y ciudades coloniales en la selva?
9. ¿Son avanzados los indios que viven en la selva?
10. ¿Por qué son famosos los indios jívaros?

QUESTIONS FOR CHAPTER ELEVEN

LAS REPÚBLICAS ANDINAS DEL PACÍFICO

PART I

1. ¿Cuál es uno de los aspectos más tristes de la historia hispano-americana?
2. Al sur de Colombia, ¿qué repúblicas hispanoamericanas comparten la Cordillera de los Andes?
3. ¿Han sido buenos todos los gobiernos ecuatorianos?
4. ¿Qué hizo García Moreno?
5. ¿Qué dijo Simón Bolívar que era el Ecuador en la época de la independencia?
6. ¿Por qué se construyeron grandes iglesias?
7. ¿Qué puede admirar el turista que hoy visita Quito?
8. ¿A qué debe su nombre el Ecuador?
9. ¿A qué se refiere la palabra "ecuador" cuando se escribe con "e" minúscula?
10. ¿Hace calor en todo el Ecuador?
11. ¿Por qué varía el tiempo en las repúblicas montañosas?
12. ¿Qué clima prefiere usted, el de las costas o el de las montañas?
13. Cuando la altitud es mayor, ¿cómo es el tiempo? ¿Más frío o más caluroso?
14. ¿Vive más gente en Guayaquil que en Quito?
15. ¿Cuál es el principal producto agrícola del Ecuador?

PART II

1. ¿En área, es el Perú la tercera república de Hispanoamérica?
2. ¿Cómo se llama la región andina en el Perú?
3. ¿Y la región selvática?
4. ¿Es confuso para usted el uso peruano de la palabra "montaña"? ¿Por qué?

5. ¿Hay petróleo en la costa peruana?
6. ¿Recuerda usted qué otra república hispanoamericana produce petróleo en grandes cantidades?
7. ¿Explotan los peruanos los recursos del mar?
8. ¿Qué diferencias hay entre el desarrollo económico de la costa y el de los Andes?
9. ¿Qué cultivan los indios?
10. ¿Viven bien los indios del mundo andino?
11. ¿Por qué es indispensable la llama para los indios?
12. ¿Qué es "charqui"?

PART III

1. ¿Qué imperio dominaba los Andes a fines del siglo XV?
2. ¿Es Machu Picchu una ciudad moderna?
3. ¿Quién es Francisco Pizarro?
4. ¿Qué ciudad fundó?
5. ¿Qué se ha dicho tradicionalmente del Perú?
6. ¿Por qué se ha dicho esto?
7. ¿Qué han denunciado los escritores peruanos?
8. ¿Qué describe Ciro Alegría en *El mundo es ancho y ajeno*?
9. ¿Quiénes dirigen el movimiento revolucionario del Perú?
10. ¿Cómo llegó al poder este movimiento?
11. ¿Ha sido común entre las fuerzas armadas de Hispanoamérica llevar a cabo reformas radicales?
12. ¿Qué ha hecho la reforma agraria peruana?
13. ¿Qué tiene por objeto la dictadura militar peruana?
14. ¿Es usted partidario de los gobiernos militares? ¿Por qué?

PART IV

1. ¿Cuál era el nombre colonial de Bolivia?
2. ¿A quién debe su nombre esta república?
3. ¿Qué produce?
4. ¿Quién controla la explotación del estaño?
5. ¿Quiénes lucharon en la Guerra del Pacífico?
6. ¿Por qué Bolivia no tiene costas?
7. ¿Qué celebran los bolivianos todos los años?
8. ¿Qué es el objeto de esta festividad?
9. ¿Dónde vive la mayor parte de la problación boliviana?
10. ¿Hace frío en el altiplano?
11. ¿Cómo son los festivales de los indios?

12. ¿Qué cree usted que tienen en común un festival andino y un *cocktail party* norteamericano?
13. ¿Es La Paz la ciudad capital más alta del mundo?
14. ¿Se sienten bien los turistas que llegan a La Paz?
15. ¿Ha visitado usted lugares que están a gran altura? ¿Cómo se ha sentido?
16. ¿Para qué hay que tener espíritu de *pioneer*?

PART V

1. ¿Qué se dice de los chilenos?
2. ¿Es muy extensa la costa chilena?
3. ¿Y el territorio? ¿Es largo y angosto?
4. ¿Qué riquezas hay en el desierto de Atacama?
5. ¿Para qué sirve el nitrato?
6. ¿Por qué lucharon Perú y Bolivia contra Chile?
7. ¿Por qué ya no es importante la industria del nitrato natural?
8. ¿Hoy en día cuál es la industria principal?
9. ¿Sigue siendo Chile una nación geográficamente aislada?
10. ¿Cómo se llama la capital chilena?
11. ¿A qué llaman fundos los chilenos?
12. ¿Qué tienen en común California y el valle central chileno?

PART VI

1. ¿Quiénes eran los arauncanos?
2. ¿Fue fácil dominarlos?
3. En *La Araucana*, ¿cómo son presentados los araucanos?
4. ¿Qué simbolizan?
5. ¿Qué tienen en común Caupolicán y Cuauhtémoc?
6. ¿Es Chile una nación democrática?
7. ¿Llegó Allende al poder como resultado de una revolución?
8. ¿Están todos los chilenos por él?
9. ¿Quiere Allende convertir a Chile en una república socialista?
10. ¿Está usted de acuerdo con la nacionalización de compañías extranjeras por los gobiernos hispanoamericanos?
11. ¿Cuáles han sido los grandes problemas económicos de Chile?

EL IMPERIO DE LOS HIJOS DEL SOL

PART I

1. ¿De quién fueron hijos Manco Cápac y su hermana Mama Ocllo?
2. ¿Para qué fueron enviados a la tierra por el sol?
3. ¿Qué parte de los Andes dominaron los incas?
4. ¿En qué estaba basada su organización sociopolítica?
5. ¿Cómo era su sociedad?
6. ¿A qué obligaba la ley?
7. ¿Cómo pagaba el pueblo impuestos al estado?
8. ¿Existía la propiedad privada entre los incas?
9. ¿Cómo estaba dividida la tierra?
10. ¿Quiénes trabajaban las tierras del sol y del Inca?
11. Si entre los incas la posición social de cada persona estaba predeterminada, ¿cree usted que la organización que crearon era realmente justa?
12. ¿De qué adelantos tecnológicos fueron capaces?
13. ¿Qué quiere decir la palabra *tahuantisuyo?*
14. ¿Cuál fue la capital del imperio?

PART II

1. Cuando llegaron los españoles, ¿estaba unido el imperio inca?
2. ¿Qué había hecho Huayna Cápac?
3. ¿A quién le correspondía legalmente ser emperador?
4. Después de derrotar a Huáscar, ¿a quién tuvo Atahualpa que confrontar?
5. ¿De qué fueron víctimas él y sus hombres?
6. ¿Qué le pidió el fraile Valverde a Atahualpa?
7. ¿Cuál fue la reacción del emperador?

8. Cuando Pizarro dio la orden de abrir fuego, ¿qué hicieron los españoles?
9. ¿Cómo creyó Atahualpa que podría comprar su libertad?
10. ¿Aceptaron los españoles el rescate?
11. ¿Y pusieron en libertad a Atahualpa?
12. Como parte de la unificación española del Nuevo Mundo, ¿qué cambios ocurrieron en los Andes?
13. ¿Qué revela la arquitectura del Cuzco?
14. ¿Cómo es el estilo de muchas casas viejas?

QUESTIONS FOR CHAPTER THIRTEEN
LA REGIÓN MÁS DISTANTE

PART I

1. ¿Hacia dónde se orienta la región del Río de la Plata?
2. ¿Hay en la América del Sur otras regiones hispanoamericanas con esta orientación?
3. ¿Se habla español en el Brasil?
4. ¿Quiénes lo colonizaron?
5. ¿Qué otros lugares de la América del Sur no son hispanoamericanos?
6. ¿Ha sido muy marcada la influencia norteamericana en el Río de la Plata?
7. ¿Qué separa esta región del resto de Hispanoamérica?
8. ¿Qué naciones europeas han ejercido mayor influencia?
9. ¿Qué importancia tiene el sistema fluvial del Río de la Plata?
10. ¿Qué ciudades capitales se encuentran allí?
11. ¿Cuáles son los productos de esta región?
12. ¿Cómo se dio cuenta Magallanes de que el Río de la Plata no era un paso entre dos océanos?

PART II

1. ¿De qué es resultado el nombre "Río de la Plata"?
2. ¿Y el nombre "Argentina"? ¿Qué quiere decir este nombre?
3. ¿Es la pampa otra zona montañosa como los Andes?
4. ¿Qué tienen en común el gaucho de la pampa y el *cowboy* del oeste norteamericano?
5. ¿Cómo es la pampa?
6. ¿Considera usted apropiada la descripción de Mallea? ¿Por qué?
7. ¿Qué hizo posible la vida del gaucho?
8. ¿Era el gaucho un hombre civilizado?
9. ¿Cómo lo describe Sarmiento?

10. ¿Qué es un facón?
11. ¿Son primitivos y salvajes los gauchos de hoy?
12. ¿Cómo se llaman en la Argentina y Uruguay las haciendas de ganado?

LAS REPÚBLICAS RIOPLATENSES

PART I

1. ¿Cuáles son las repúblicas del Río de la Plata?
2. ¿En qué sentido es el Paraguay comparable a Bolivia?
3. ¿Vive mucha gente en el Paraguay?
4. ¿Cómo es Asunción?
5. ¿Qué hizo "El Supremo"?
6. ¿Qué lenguas hablan los paraguayos?
7. ¿Qué productos exporta el Paraguay?
8. ¿Para qué se usan las hojas de yerba mate?

PART II

1. ¿Son parecidos los nombres "Paraguay" y "Uruguay"?
2. ¿Y estas repúblicas? ¿También se parecen?
3. ¿Por qué es Uruguay la república *avant-garde* de Hispano-américa?
4. ¿Cuáles son algunos ejemplos de la avanzada legislación uruguaya?
5. ¿Cómo era Uruguay antes de 1950?
6. ¿Considera usted que los ciudadanos de un estado paternalista dependen excesivamente del estado? ¿Es favorable para las dos partes esta dependencia?
7. ¿Sigue siendo Uruguay un estado paternalista?
8. ¿Qué origen tiene el nombre de la capital uruguaya?
9. ¿Es la población de Montevideo desproporcionadamente más grande que la del resto de la república?
10. ¿Hay muchos analfabetos en Uruguay?
11. ¿Quién es José Enrique Rodó?
12. ¿Están Ariel y Calibán en oposición?
13. ¿Qué simboliza Ariel?

14. ¿Qué simboliza Calibán?
15. ¿Qué determinó la popularidad de *Ariel*?
16. ¿En qué valores creía Rodó?
17. ¿Está usted de acuerdo con él?

PART III

1. ¿Qué río marca el límite territorial entre Uruguay y la Argentina?
2. ¿Es Buenos Aires una de las grandes ciudades del mundo?
3. ¿Fue uno de los principales puertos coloniales?
4. ¿Cuál ha sido la industria tradicional de la Argentina?
5. ¿Es la Argentina bastante más grande que las otras naciones hispanoamericanas?
6. ¿Hubo en el Río de la Plata civilizaciones precolombinas tan avanzadas como la de los incas?
7. ¿Qué le pasó a Solís después de tomar posesión de las actuales tierras uruguayas?
8. ¿Cómo explican algunos argentinos el adelanto de su república?
9. ¿Y cuál es la actitud de los argentinos que no ven desfavorablemente al indio?
10. ¿Qué diferencia hay entre las poblaciones de México y la Argentina?
11. ¿De qué hacen alarde los argentinos?
12. ¿Por qué muy pocos turistas norteamericanos conocen la Argentina?
13. ¿En qué meses del año puede esquiar en la Argentina? ¿Por qué?
14. ¿Cree usted que en la Argentina existe la tradición de una Navidad blanca? ¿Por qué?

PART IV

1. ¿Qué tienen en común el estado de Iowa y la pampa argentina?
2. ¿Por qué hay muchos argentinos de origen europeo?
3. ¿A qué contribuyeron los ingleses?
4. ¿Qué adelanto tecnológico hizo posible la exportación de carne a Europa?
5. ¿Quién fue víctima de la transformación económica de la pampa?
6. ¿Cuál es el origen de la literatura gauchesca?
7. ¿A qué se refiere la palabra "payador"?

8. ¿Quién es Martín Fierro?
9. ¿Por qué es popular dentro y fuera de la Argentina?
10. ¿Hay grandes diferencias entre la población argentina de hoy?
11. ¿Por qué atraen las ciudades de México y Buenos Aires a los artistas?
12. ¿Quién predomina en la política argentina reciente?
13. ¿Quiénes estuvieron aliados durante la dictadura peronista?
14. ¿Cuál fue la ambición de Perón?
15. ¿Cree usted que los sindicatos obreros deben participar en el gobierno de una nación?
16. ¿A qué aspiran los argentinos?

SUGGESTED FURTHER READINGS

CHAPTER ONE

Herring, Hubert. *A History of Latin America from the Beginnings to the Present.* 2d ed., rev. New York: Alfred A. Knopf, 1966.
One of the most outstanding of the various histories of Latin America by English-speaking scholars.

Johnson, John J., ed. *Continuity and Change in Latin America.* Stanford, Calif.: Stanford University Press, 1964.
A collection of studies, each of which examines developments within a particular social group, such as the urban workers, the military, and the university students.

Milne, Jean. *Fiesta Time in Latin America.* Los Angeles: Ward Ritchie Press, 1965.
A calendar of festivals, mostly religious, with brief descriptions offering an insight into local customs and popular traditions.

Szulc, Tad. *The Winds of Revolution. Latin America Today—And Tomorrow.* New York: Frederick A. Praeger, 1963.
A journalist's contemporary appraisal of the region, written by *The New York Times'* Latin America correspondent (1956–1961).

CHAPTER TWO

Caso, Alfonso. *The Aztecs: People of the Sun.* Norman: University of Oklahoma Press, 1958.
A short introduction to the Aztecs, with striking illustrations by the Mexican artist Miguel Covarrubias.

Díaz del Castillo, Bernal. *The Discovery and Conquest of Mexico.* New York: Grove Press, 1958.
A translation of *La verdadera historia de la conquista de la Nueva*

España, the detailed, eye-witness account of the conquest of Mexico written by a foot soldier in Hernán Cortés' army.

Fuentes, Carlos. *The Death of Artemio Cruz.* New York: Harper & Row, 1964.

A translation of the widely acclaimed novel *La muerte de Artemio Cruz,* one of the best contemporary examples of the literature of "social realism" and an indictment of the Mexican Revolution.

Paz, Octavio. *The Labyrinth of Solitude: Life and Thought in Mexico.* New York: Grove Press, 1961.

A translation of *El laberinto de la soledad,* by one of Mexico's most prestigious writers; a discerning interpretation of the Mexican national character in the context of history, daily life, and popular myths.

Simpson, Lesley B. *Many Mexicos.* 4th ed., rev. Berkeley and Los Angeles: University of California Press, 1966.

A widely acclaimed general history of Mexico.

Tannenbaum, Frank. *Mexico: The Struggle for Peace and Bread.* New York: Alfred A. Knopf, 1950.

Mexico's recent political history, by one of the most respected scholars in the field.

Toor, Frances. *A Treasury of Mexican Folkways: The Customs, Myths, Folklore, Traditions, Beliefs, Fiestas, Dances and Songs of the Mexican People.* New York: Crown, 1960.

One of the most comprehensive descriptions of the varied and rich folklore of Mexico.

CHAPTER THREE

Azuela, Mariano. *The Underdogs.* New York: New American Library, 1963.

A translation of *Los de abajo,* the earliest and one of the most popular novels of the Mexican Revolution. Vivid accounts of the clashes between opposing forces by an author who sees the fighting in rural Mexico as a confusing and futile struggle.

Hanke, Lewis. *The Spanish Struggle for Justice in the Conquest of America.* Philadelphia: University of Pennsylvania Press, 1949.

An invaluable book on the colonial period as a whole and particularly relevant as a study of the legal issues concerning Indian labor and land use.

Simpson, Eyler N. *The Ejido: Mexico's Way Out.* Chapel Hill: University of North Carolina Press, 1937.

One of the classic studies of Mexico's agrarian reform.

Womack, John, Jr. *Zapata and the Mexican Revolution.* New York: Alfred A. Knopf, 1969.

A vivid and detailed account of the struggle of Emiliano Zapata and his followers, rebellious *campesinos* fighting for agrarian justice.

CHAPTER FOUR

Morley, Sylvanus G. *The Ancient Maya.* 3d ed. Revised by G. W. Brainerd. Stanford: Stanford University Press, 1956.
A comprehensive study, considered the basic and most authoritative in its field.

Oakes, Maud. *The Two Crosses of Todos Santos. Survivals of Mayan Religious Ritual.* Princeton, N.J.: Princeton University Press, 1951.
Observations gathered during the author's residence in an Indian village in the northwestern highlands of Guatemala.

Stephens, John Lloyd. *Incidents of Travel in Central America, Chiapas and Yucatan.* 2 vols. Edited by R. L. Predmore. New Brunswick, N.J.: Rutgers University Press, 1949.
A classic in the field of nineteenth-century travel and particularly relevant for its fascinating accounts of archeological expeditions.

CHAPTER FIVE

Asturias, Miguel Ángel. *El Señor Presidente.* New York: Atheneum, 1964.
An English translation of the novel of the same title, which won international praise in the late 1940s. A forceful and brutal work concerned with political repression, by the winner of the 1967 Nobel Prize for Literature.

———. *Mulata.* New York: Delacorte, 1967.
An erotic fantasy rooted in the mythology and ribaldry of present-day Guatemalan Indians. One of Asturias' most recent novels, known in Spanish as *Mulata de tal.*

Biesanz, John, and Biesanz, Mavis. *The People of Panama.* New York: Columbia University Press, 1955.
Although somewhat dated, considered the best study of Panama available in English.

Castillo, Carlos M. *Growth and Integration in Central America.* New York: Frederick A. Praeger, 1966.
A study of economic development and recent trends resulting from the formation of the Central American Common Market.

Darío, Rubén. *Selected Poems of Rubén Darío.* Austin: University of Texas Press, 1965.

This English translation of Darío's poems is relevant as an introduction to one of the most significant movements in the literature of the Spanish-speaking people.

Espy, Hilda Cole. *Another World, Central America.* New York: Viking, 1970.

An up-to-date travel book and guide to Central America, with general introductions to each of the countries and entertaining anecdotes.

Parker, Franklin D. *The Central American Republics.* London: Oxford University Press, 1964.

One of the few current and comprehensive books on Central America.

Whetten, Nathan L. *Guatemala, the Land and the People.* New Haven, Conn.: Yale University Press, 1961.

Indispensable as an overall analysis of modern Guatemala.

CHAPTER SIX

Arévalo, Juan José. *The Shark and the Sardines.* New York: Lyle Stuart, 1961.

A translation of *El tiburón y las sardinas,* a popular satirical fable on inter-American relations by a former president of Guatemala and outspoken indictor of U.S. "imperialism."

Bemis, Samuel F. *The Latin American Policy of the United States: An Historical Interpretation.* New York: Harcourt Brace Jovanovich, 1943.

A basic book on the history of inter-American relations up to the Second World War.

Liss, Sheldon B. *The Canal. Aspects of United States-Panamanian Relations.* Notre Dame, Ind.: University of Notre Dame Press, 1967.

A concise history of relations between the two countries and an account of anti-American feelings concerning one of the most sensitive issues—United States involvement in Panama.

Mack, Gerstle. *The Land Divided: A History of the Panama Canal and other Isthmian Canal Projects.* New York: Alfred A. Knopf, 1944.

One of the most comprehensive and authoritative works on the subject.

CHAPTER SEVEN

Arciniegas, Germán. *Caribbean: Sea of the New World*. New York: Alfred A. Knopf, 1946.
A colorful historical survey of the Caribbean by one of Colombia's most prestigious writers, widely known as an interpreter of Spanish American history.

Carpentier, Alejo. *The Kingdom of this World*. New York: Alfred A. Knopf, 1957.
A translation of *El reino de este mundo,* a historical novel about Haiti by one of Cuba's leading novelists, who is also an authority on Afro-Caribbean history and folklore.

Jahn, Janheinz. *Muntu: An Outline of the New African Culture.* New York: Grove Press, 1961.
A study of how Western and African elements have combined to produce a "neo-African culture" in the Caribbean and other parts of the world.

Tannenbaum, Frank. *Slave and Citizen: The Negro in the Americas.* New York: Alfred A. Knopf, 1946.
A historical study of the Negro, comparing his legal and social status in the colonial and postindependence societies of Latin America and the United States.

CHAPTER EIGHT

Mañach, Jorge. *Martí, Apostle of Freedom*. New York: Devin-Adair, 1950.
A well-known biography of José Martí by one of Cuba's leading essayists.

Martin, John Bartlow. *Overtaken by Events. The Dominican Crisis from the Fall of Trujillo to the Civil War.* Garden City, N.Y.: Doubleday, 1966.
A very personal account of recent political events in the Dominican Republic by a former American ambassador to that country and mediator on the 1965 occupation of the Dominican Republic by the United States Marines.

Matthews, Herbert L. *Fidel Castro*. New York: Simon and Schuster, 1969.
A book on Castro's political activities and his coming to power by a correspondent who came to know Castro intimately after first interviewing him in the mountains as he led the guerrilla movement.

Ortíz, Fernando. *Cuban Counterpoint: Tobacco and Sugar.* New York: Alfred A. Knopf, 1947.
A translation of *Contrapunteo cubano del tabaco y el azúcar,* by a noted Cuban anthropologist. Widely recommended as a study of how rural Cuba was affected by the development of the sugar industry by American interests.

Perkins, Dexter. *The United States and the Caribbean.* Cambridge, Mass.: Harvard University Press, 1947.
A concise and authoritative account of United States-Caribbean relations up to the 1940s.

Wells, Henry. *The Modernization of Puerto Rico. A Political Study of Changing Values and Institutions.* Cambridge, Mass.: Harvard University Press, 1969.
A study of American influence in Puerto Rico since the 1940s.

Yglesias, José. *In the Fist of the Revolution. Life in a Cuban Country Town.* New York: Random House, 1968.
A valuable first-hand account of changes in the life of Cuban *campesinos* brought about by Castro's revolution.

CHAPTER NINE

Bernstein, Harry. *Venezuela and Colombia.* Englewood Cliffs, N.J.: Prentice-Hall, 1964.
One of the few current and general books on these countries.

Bolívar, Simón. *Selected Writings of Bolívar.* 2 vols. Compiled by Vicente Lecuna and edited by Harold A. Bierk, Jr. New York: Colonial Press, 1951.
A recent translation of Bolívar's most significant writings.

García Márquez, Gabriel. *One Hundred Years of Solitude.* New York: Harper & Row, 1970.
A translation of *Cien años de soledad,* perhaps the most internationally acclaimed novel by a Spanish American writer. The creation of an eccentric and seductive fictional world, which reveals the ultimate futility of life in general as the characters struggle under economic and social conditions common to the history of Spanish America as a whole.

Masur, Gerhard. *Simón Bolívar.* Albuquerque: University of New Mexico Press, 1948.
One of several studies on the life and influence of Bolívar.

Nicholson, Irene. *The Liberators. A Study of Independence Movements in Spanish America.* New York: Frederick A. Praeger, 1969.
A descriptive, analytical, and interpretative study covering the salient aspects of the movements from inception to aftermath.

CHAPTER TEN

Arciniegas, Germán, ed. *The Green Continent. A Comprehensive View of Latin America by its Leading Writers.* New York: Alfred A. Knopf, 1963.
Selections of local literature, many depicting the varied physical and human landscape of Spanish America.

James, Preston E. *Latin America.* New York: Odyssey Press, 1959.
One of the most recommended studies of geography for the whole of Latin America.

CHAPTER ELEVEN

Alegría, Ciro. *Broad and Alien Is the World.* New York: Farrar and Rinehart, 1941.
A translation of *El mundo es ancho y ajeno,* probably the most famous novel denouncing the exploitation of the Indians by powerful landowners.

Bingham, Hiram. *Lost City of the Incas. The Story of Machu Picchu and Its Builders.* New York: Duell, Sloan and Pearce, 1948.
A relevant account of the author's discovery of Machu Picchu in 1911, although no longer considered an accurate study of the Incas.

Cowan, Paul. *The Making of an Un-American. A Dialogue with Experience.* New York: Viking, 1970.
A book written by a young Peace Corps volunteer in Ecuador, relevant for the author's impressions of Guayaquil and its people and his disenchantment with the Peace Corps.

Donoso, José. *Coronation.* New York: Alfred A. Knopf, 1965.
A translation of *Coronación,* the first major work of the contemporary Chilean novelist who portrays Santiago's aristocracy as a tragic, collapsing social class.

Linke, Lilo. *Ecuador: Country of Contrasts.* London: Oxford University Press, 1960.
One of the few general and current books on Ecuador.

Osborne, Harold. *Bolivia: A Land Divided.* London: Oxford University Press, 1964.
One of the few books on Bolivia available in English, although somewhat dated in view of recent developments.

Owens, R. J. *Peru.* London: Oxford University Press, 1963.
A realistic appraisal of the country before the current revolution, which is transforming the traditional institutions and structures.

Pendle, George. *The Land and People of Chile*. New York: Macmillan, 1964.

A current book on Chile emphasizing social and economic conditions.

Vargas Llosa, Mario. *The Time of the Hero*. New York: Grove Press, 1966.

A translation of *La ciudad y los perros*, the novel that won this Peruvian writer international fame. The main characters, all students at one of Lima's toughest military schools, are a reflection of Peruvian society.

CHAPTER TWELVE

Bandin, Louis. *A Socialist Empire: The Incas of Peru*. Princeton, N.J.: D. Van Nostrand, 1961.

A fascinating study of the social and economic aspects of the Inca empire.

Haring, Clarence H. *The Spanish Empire in America*. New York: Harcourt Brace Jovanovich, 1963.

A comprehensive and authoritative account of the conquest and the colonial period as a whole, a classic in its field.

Prescott, William H. *History of the Conquest of Peru*. New York: The Modern Library.

The classic and exhaustive account of the conquest of Peru, originally published in 1847, by one of the most distinguished American historians.

CHAPTER THIRTEEN

Graham, R. B. Cunninghame. *The Conquest of the River Plate*. Westport, Conn.: Greenwood, 1968.

One of several books on the history of Spanish America, by a nineteenth-century Scottish writer who went to Argentina as an adventurous teen-ager and became a gaucho.

Nichols, Madaline N. *The Gaucho: Cattle Hunter, Cavalryman, Ideal of Romance*. Durham, N.C.: Duke University Press, 1942.

An indispensable work on this subject.

CHAPTER FOURTEEN

Borges, Jorge Luis. *The Aleph and Other Stories, 1933–1969.* New York: E. P. Dutton, 1970.

A selection of twenty stories spanning the career of this author, an Argentinian writer who is considered the finest contemporary stylist in the Spanish language. Intricate and intellectual stories are the product of a mind that has been described as "a university and a library in itself."

Cortázar, Julio. *Hopscotch.* New York: Random House, 1966.

Set in Paris and Buenos Aires, a novel concerned with the search for the meaning of life. Written by an Argentinian author known for his deliberate breaking of fictional conventions to give the genre freshness and vitality.

Ferns, H. S. *Britain and Argentina in the Nineteenth Century.* London: Oxford University Press, 1960.

A historical work, relevant for the study of Anglo-Argentinian relations.

Hernández, José. *The Gaucho: Martín Fierro.* New York: Farrar and Rinehart, 1936.

A translation of Hernández' famous epic poem, a classic of gaucho literature.

Hudson, William H. *The Purple Land.* New York: E. P. Dutton, 1927.

First published in 1885, a nineteenth-century literary description of Uruguay by a popular American writer who was born in the outskirts of Buenos Aires and lived as a gaucho for several years.

Pendle, George. *Argentina.* London: Oxford University Press, 1963.

———. *Paraguay.* London: Oxford University Press, 1956.

———. *Uruguay.* London: Oxford University Press, 1963.

Current and concise studies of each of the River Plate nations by a British writer who lived in the area.

VOCABULARY

This vocabulary includes all words found in the text except the following: words appearing only in the preliminary exercises, certain regional words and expressions that appear only once in the text and are defined there, names of persons and most names of places, articles and subject pronouns, adverbs ending in *mente,* when the adjective form is listed, verb forms other than the infinitive and irregular past participles. Regular past participles used as adjectives are listed only when the meaning differs from that given under the infinitive or when no infinitive is listed.

Gender is not indicated for masculine nouns ending in *o* and feminine nouns ending in *a, dad, ión, tad,* and *tud.* A clue to the irregularity of certain verbs is given in parentheses after the entry. For example, the spelling alteration in the stem of verbs like *conocer* is indicated by (*zc*). Verbs which may or may not be reflexive are indicated by (*se*) at the end of the infinitive. Words that vary in part of speech or meaning are listed in a single entry when their spelling in Spanish does not vary.

The following abbreviations have been used:

adj	adjective	*m*	masculine
Arg	Argentinian	*mf*	either masculine or feminine
Ch	Chilean	*n*	noun
f	feminine	*pl*	plural
hist	historical	*pp*	past participle
inf	infinitive	*pron*	pronoun

A

a   to; at; by; on; for; — **su vez**   in turn; — **veces**   sometimes
abajo   down, under, below
abandonar   to abandon, give up
abierto, -a (*pp* of **abrir**)   open, opened
abolición   abolition, revocation

aborigen   aboriginal; *n m*   aborigine
abril *m*   April
abrir   to open
absoluto, -a   absolute
absorber   to absorb
absurdo, -a   absurd
abundancia   abundance
abundante   abundant

acabar to finish, end; **— con** to put an end to, wipe out; **— de** + *inf* to have just; **— por** + *inf* to end up; **—se** to be over
accesible accessible, approachable
accidental accidental
acción action
aceituna olive
aceptable acceptable
aceptación acceptance
aceptar to accept
acerca: — de about, concerning
acero steel
acertado, -a well aimed
aclamado (*pp* of **aclamar**) acclaimed
acondicionado, -a conditioned; **aire —** air conditioning
acontecimiento event
actitud attitude
actividad activity
activo, -a active
acto act
actual present-day, current
actualidad present time; **en la —** at present, currently, at the present time; **ser de —** to be of current interest; *pl* current events
actualmente at present, currently, at the present time
actuar to act; to perform
acuerdo agreement; **de — con** according to; **estar de —** to agree
acusación accusation
adaptación adaptation
adaptado (*pp* of **adaptar**) adapted
adecuado, -a adequate, suitable
adelanto advancement
además besides; **— de** besides, in addition to
adentro inside, within
administración administration
administrar to administer
admirable admirable
admirador, -a admirer
admirar to admire; **—se de** to wonder at
adonde where
adónde where?
adorar to adore, worship
adquirir (ie) to acquire

adquisición acquisition
adversario adversary
aéreo, -a air (*adj*)
aeropuerto airport
afectar to affect; to afflict
afirmación affirmation, statement
afortunado, -a fortunate
afrenta affront
africanizado, -a imitating or following African customs
africano, -a *adj* and *n* African
afro-antillano, -a Afro-Caribbean
afro-español, -a Afro-Spanish
agosto August
agotamiento exhaustion
agradable pleasant, agreeable
agradar to please, be pleasing
agrario, -a agrarian
agresión aggression
agrícola agricultural
agricultura agriculture
agua water; **— dulce** fresh water
aguacero heavy rain, downpour
ahora now; **por —** for now, for the time being
aire *m* air; **— acondicionado** air conditioning
aislamiento isolation
aislar to isolate
ajedrez *m* chess
al contraction of **a + el**; **— + *inf*** upon + -ing, on + -ing
alarde: hacer — de to show off; to boast of
alcanzado (*pp* of **alcanzar**) reached, attained
alegre happy
alemán, -ana *adj* and *n* German
alfabetismo literacy; **índice de —** literacy rate
alfabeto, -a literate; *n m* alphabet
algo something, somewhat
algodón *m* cotton
alguno, -a, algún some, any
aliado, -a allied; *n mf* ally
alianza alliance
alma soul
alrededor around; **— de** about, around
altar *m* altar

altiplano high plateau
altitud altitude
alto, -a high, tall
altura height, altitude
allí there
amante *adj* and *n mf* lover
amarillo, -a yellow
ambición ambition
ambiental environmental
americano, -a *adj* and *n* American
amigo, -a *adj* and *n* friend
amistad friendship
amor *m* love; — **no correspondido** unrequited love
amparo shelter; protection
amurallado, -a walled in
analfabetismo illiteracy
analfabeto, -a illiterate
analizar to analyze
anarquía anarchy
ancestral ancestral
ancho, -a wide, broad; **de —** wide
anchura width
andinista *m* mountain-climber of the Andes
andino, -a Andean
anexión annexation
ángel *m* angel
angosto, -a narrow
animal *m* animal
animismo animism
ante in the face of, before; — **todo** first of all
anterior before, preceding; — **a** previous to, earlier than
antes before; — **de** before
anticuado, -a antiquated, obsolete
antiguo, -a ancient, old
antillano, -a West Indian, Antillean, Caribbean
antinorteamericano, -a anti-American (U.S.)
antropológico, -a anthropological
antropólogo anthropologist
anual annual
anunciar to announce; to advertise
año year
aparecer (**zc**) to appear
aparición appearance; apparition
aplicable applicable

aplicación application
aplicado (*pp* of **aplicar**) applied
apolítico, -a apolitical
apoyado (*pp* of **apoyar**) supported, backed up
apoyar(se) to rest; — **en** to lean on
apoyo support, backing
apreciar to appreciate
aprender to learn; — **a** to learn
apropiado, -a appropriate, fitting
aprovechar to make use of, profit by; —**se de** to take advantage of
aquí here
araucano, -a *adj* and *n* Araucanian
arbitrariamente arbitrarily
árbol *m* tree
archipiélago archipelago
arder to burn
área area
argentino, -a *adj* and *n* Argentinean
argumento argument
aridez *f* aridity, dryness
árido, -a arid, dry
aristocracia aristocracy
aristócrata *mf* aristocrat
aristocrático, -a aristocratic
arma weapon
armado, -a armed
arpa harp
arqueología archeology
arqueológico, -a archeological
arqueólogo, -a archeologist
arquitecto architect
arquitectura architecture
arriba up, above
arrogancia arrogance
arroyo stream, brook
arte *f* art
artículo article
artificial artificial
artista *mf* artist
artístico, -a artistic
asar to roast
ascender to ascend, go up; — **a** to amount to
asesinado, -a assassinated, murdered
así so, thus; — **pues** thus, like that
asistencia attendance; assistance
asistir to attend; to help; — **a** to be present at, attend

asombrar to astonish, amaze; —se de to be amazed at

aspecto aspect

aspiración *f* aspiration

aspirar to aspire; — a + *inf* to aspire to + *inf*

astrónomo astronomer

asumir to assume (command, power, etc.)

asunto affair, matter

atacar (qu) to attack

ataque *m* attack

Atenas Athens

atender (ie) to take care of, to pay attention

atleta *mf* athlete

atracción attraction

atractivo, -a attractive

atraer to attract

atrasado, -a backward, retarded, lagging

atrás backward, behind

atraso backwardness, lag

atravesar (ie) to cross

aumentar to increase

aumento increase

aun even

aún still, yet

aunque although, even though

ausente absent

automáticamente automatically

automóvil *m* automobile, car

autor, -a author

autoridad authority

autoritario, -a authoritarian

autorizar to authorize

avalancha avalanche

avanzar to advance

avenida avenue

aventura adventure

aventurero, -a adventurous; *n mf* adventurer

avión *m* airplane

ayuda help, aid

ayudar to help, aid; — a to help

azteca *adj* and *n mf* Aztec

azúcar *m* sugar; caña de — sugar cane

azucarero, -a sugar (*adj*)

azul blue

B

bailarín, -ina dancer

bajar to lower; to go down, come down

bajo, -a low; short; under

balboa *m* currency unit of Panama

balcón *m* balcony

balneario beach resort

balsa raft

bambú *m* bamboo

banana banana

bancario, -a bank (*adj*)

banco bank

banda band; Banda Oriental East Bank

bandera flag

bañar(se) to bathe

baño bath; bathroom

barbarie *f* barbarity; savagery

bárbaro, -a barbarous; *n m* barbarian

barco ship, boat

barrera barrier

barroco, -a baroque

basado (*pp* of basar) based

base basis, base

básico, -a basic

bastante enough, sufficient; very, fairly, rather, quite

bastardo, -a bastard

batalla battle, fight

bebida drink

belleza beauty

beneficio benefit; a — de for the benefit of

bestia beast; — de carga beast of burden

bien well; very; good; *n m* good; más — rather

bilingüe bilingual

biógrafo biographer

blanco, -a white; *n m* target; en — blank

bloque *m* block

boca mouth

boliviano, -a *adj* and *n* Bolivian

bosque *m* forest

brasa live coal, red-hot charcoal

brasileño, -a *adj* and *n* Brazilian

brazo   arm
breve   brief, short
breviario   breviary (book of prayers and readings for religious services)
brillante   brilliant; shining
británico, -a   British
brusco, -a   brusque
brutal   brutal
bruto, -a   brutish; stupid; *n m*   brute, beast
bueno, -a, buen   good, well
burocrático, -a   bureaucratic
busca   search; pursuit
buscar (qu)   to look for

C

caballo   horse; a —   on horseback
cabeza   head
cabo: llevar a —   to carry out
cada   each, every
cadáver *m*   corpse, cadaver
caer(se)   to fall, fall down
café *m*   coffee; café, restaurant
calabó   type of gourd
calendario   calendar
calidad   quality; en — de   as, in the capacity of
caliente   hot, warm
calor *m*   heat; hace —   it is hot, warm
caluroso, -a   warm, hot
calle *f*   street
cambiar   to change; to exchange; — de to change
cambio   change; exchange; exchange rate; a — de   in exchange for; en — on the other hand
camello   camel
camino   road; way; course
campaña   campaign
campeonato   championship
campesino, -a   country (*adj*); *n mf* peasant, country person
campo   field; country, countryside
canadiense *adj* and *n mf*   Canadian
canal *m*   canal, channel
canción   song
candidato   candidate
canoa   canoe

cansar(se)   to tire, get tired
cantante *mf*   singer
cantidad   quantity, amount, number
caña   cane; — de azúcar   sugar cane
caos *m*   chaos
capacidad   capacity, ability
capaz   capable, competent
capital *m*   capital (money); *f*   capital (city)
capitalino, -a   of the capital city
capitalismo   capitalism
capitalista *adj* and *n mf*   capitalist
capitanía: — general   captaincy
captura   capture
capturar   to capture
carácter *m*   character, personality
característico, -a   characteristic; *n f* characteristic, trait
caracterizar(se)   to characterize
carbón *m*   coal; charcoal; — mineral coal
carecer (zc)   to lack; — de   to lack
carga   load, cargo; bestia de —   beast of burden
cargado, -a   loaded
cargo   position, job; charge; a — de in charge of; hacerse — de   to take care of
carne *f*   meat, flesh
caro, -a   expensive, dear; costar — to be expensive
carrera   race; career, profession
carretera   highway, road
carta   letter
cartel *m*   poster
casa   house, home, household; en — at home
casi   almost
caso   case; en todo —   in any event; hacer — a   to pay attention to
castigo   punishment
catarata   waterfall
catedral *f*   cathedral
catolicismo   Catholicism
católico, -a *adj* and *n*   Catholic
causa   cause; a — de   because of
causar   to cause
caza   hunting (*n*)
cazador *m*   hunter
cazar (c)   to hunt

ceder   to yield; to hand over
celebración   celebration
celebrar   to celebrate, observe; to hold
   (a meeting)
celeste   celestial; sky blue
cementerio   cemetery
ceniza   ash, ashes
centenario   centennial
central   central
centralismo   centralism
centralista   centralistic
centro   center; downtown
centroamericano, -a *adj* and *n*   Central
   American
cerámica   ceramics
cerca   near; — de   near; de —   close
   up
cercar   to fence in
cerdo   hog, pig
cereal *m*   cereal
ceremonia   ceremony
ceremonial   ceremonial
cero   zero
cerrar (ie)   to close, shut
cerro   hill
cielo   sky; heaven
ciencia   science
científico, -a   scientific; *n m*   scientist
ciento, cien   one hundred; cien(to) por
   ciento   one hundred percent, completely; por —   percent
cierto, -a   certain, a certain; es —   it
   is true
cima   summit, top
cinco   five
cine *m*   movie, movies, film
cinematográfico, -a   cinematographic,
   motion-picture (*adj*)
cintura   waist, waistline
circulación   circulation; traffic
circular   to circulate, move around
círculo   circle
circunstancia   circumstance
cisne *m*   swan
ciudad   city
ciudadano   citizen
cívico, -a   civic
civil   civil; civilian (*adj*)
civilización   civilization
civilizador, -a   civilizing

claramente   clearly
clase *f*   class; kind, kinds, type
clásico, -a   classic, classical
clave *f*   key; *m*   harpsichord
clero   clergy
clima *m*   climate, weather
club *m*   club
cobre *m*   copper
codicia   greed
coexistir   to coexist
cohesión   cohesion
coincidencia   coincidence
colaboración   collaboration, coopera-
   tion
colección   collection
coleccionar   to collect
colectivo, -a   collective
colegiado, -a   collegiate
colombiano, -a *adj* and *n*   Colombian
colonia   colony
colonial   colonial
colonización   colonization
colonizar (c)   to colonize, settle
color *m*   color; coloring
colosal   colossal
comarca   region, territory
combatir   to combat, fight
combinación   combination
comenzar (ie, c)   to begin, start; — a
   to begin
comer   to eat
comercial   commercial
comercio   commerce, trade
comida   food; meal; dinner
comienzo   beginning
como   as; like; how; about; — a
   about; — resultado   as a result;
   tal —   such as; tanto —   as much
   as
cómo   how? what?
compañero, -a   companion, mate
compañía   company; en — de   accom-
   panied by
comparable   comparable
comparación   comparison
comparar   to compare
compartir   to share, divide
compensación   compensation
competencia   competition; — hípica
   horse show

complacer (zc) to please; —se to take pleasure in
complejo, -a *adj* and *n m* complex
completar to complete, finish
completo, -a complete; full; por — completely
complicación complication
composición composition
compra purchase; ir de — to go shopping
comprador, -a buying (*adj*); *n mf* buyer
comprar to buy, purchase
comprender to understand; to comprise
común common; por lo — usually
comunal communal
comunicación communication
comunicar to communicate
comunidad community
comunismo communism
comunista *adj* and *n mf* Communist
con with, by; — tal (de) que provided that; para — toward
concentrar(se) to concentrate
concepción conception
concepto concept, opinion
concesión concession
conciencia conscience, awareness
condenar to condemn
condensar to condense
condición condition
confiscar (qu) to confiscate
conflicto conflict, struggle
conforme (a) according to, in accordance with, as
confrontación confrontation
confuso, -a confusing, confused
congestión congestion
congregar(se) to congregate, gather
congreso congress
conmemorar to commemorate
conmovedor, -a (emotionally) moving, touching
conocer (zc) to know, be acquainted with; dar a — to make known
conocido, -a well known
conocimiento knowledge, understanding
conquista conquest

conquistador *m* conqueror
conquistar to conquer
consagrar to consecrate, dedicate
conscripción conscription
consecuencia consequence
conseguir (i) to get, obtain
consejo council, advice
conservacionista *mf* conservationist
conservador, -a conservative
conservar to conserve, keep, preserve
considerable considerable
considerar to consider
consigna slogan, order
consistir to consist; — en to consist of
consolidación consolidation
conspirar to conspire
constante constant
constitución constitution
constituir(se) (y) to constitute; —se en to establish as
construcción construction, building
construir (y) to build, construct
contacto contact
contemplar to contemplate
contemplativo, -a contemplative, meditative
contemporáneo, -a contemporary
contener to contain
contenido contents
contestar to answer, reply
continental continental
continente *m* continent
continuación continuation
continuar (ú) to continue
continuo, -a continuous
contra against; en — de against; in opposition to
contradictorio, -a contradictory
contrario, -a opposite, contrary; opposing
contraste *m* contrast
contrato contract
contribuir (y) to contribute
control *m* control
controlar to control
controversial controversial
convencido, -a convinced
convento convent

conversación conversation
conversión conversion
convertir (ie, i) to convert, turn; —se
 to be converted
cooperativa cooperative
coordinación coordination
coplero maker and singer of ballads
coraje *m* bravery
corazón *m* heart
cordial cordial
cordialidad cordiality
cordillera mountain range
corona crown
corregir (i, j) to correct
correo mail
correr to run
corresponder to correspond; to fit; to
 match
correspondido: amor no — unrequited
 love
correspondiente corresponding
corriente common; current; *n f* current
corrompido, -a corrupt
corrupción corruption
corrupto, -a (*pp* of **corromper**) corrupt
cortar to cut, cut off
corto, -a short; small
cosa thing; una — something
cosmopolita cosmopolitan
costa coast, shore
costarricense *adj* and *n mf* Costa Rican
costero, -a coastal
costo cost; — de la vida cost of living
costumbre *f* custom; habit; way
creación creation
creador, -a creative; *n mf* creator
crear to create
crecer (zc) to grow
crecimiento growth
creencia belief
creer (y) to believe
criada maid
criado servant
crianza raising; breeding
criminal *adj* and *n mf* criminal
criollo person born in Spanish America

crisis *f* crisis
cristianismo Christianity
cristianizar to Christianize
cristiano, -a *adj* and *n* Christian
Cristo Christ
criticar (qu) to criticize
criticismo criticism
crítico, -a critical; *n m* critic; *n f*
 criticism
cronológicamente cronologically
cruel cruel
crueldad cruelty
cruzar (c) to cross
cuadrado, -a square
cual: el —, la —, los —es, las —es
 which; por lo — for which reason
cuál which? which one? what?
cualquiera, cualquier any, anyone,
 whichever
cuando when
cuándo when?
cuanto, -a as much as, whatever, all
 that; en — as soon as; en — a
 as to, with regard to; unos —s a
 few
cuánto, -a how much? cada — how
 often? *pl* how many?
cuarenta forty
cuartel *m* barracks
cuarto, -a fourth; *n m* room; quarter
cuatro four
cubano, -a *adj* and *n* Cuban
cubierto (*pp* of **cubrir**) covered
cubrir(se) to cover; —se to cover
 oneself; to be covered
cuchillo knife
cuenta: darse — de to realize; tomar
 en — to take into account
cuento story, tale, short story
cuero leather, hide
cuerpo body; corps
cueva cave
cuidar to take care of, care for
cultivable cultivable
cultivador, -a *adj* and *n* cultivator
cultivar to cultivate, grow
cultivo cultivation, crop
culto cult
cultura culture
cultural cultural

cumbre *f* peak
cumplir to fulfill, carry out
cura *m* priest
curioso, -a curious
cuyo, -a whose

CH

chaperón, -a chaperon
charca pond
charqui *m* jerked (dried) beef
chicle *m* chewing gum, chicle
chileno, -a *adj* and *n* Chilean
chino, -a *adj* and *n* Chinese

D

danza dance
dar to give; to hit; — a to face (onto); — a conocer to make known; — la vuelta a to go around; —se to yield; —se cuenta (de) to realize; —se por vencido to give up, give in
de of; from; about; to; by; with; than (before a numeral); — hecho in fact; — por medio halfway
debate *m* debate
debatir to debate
deber ought to, must, should; to owe; —se be due; *n m* duty
débil weak
década decade; — de los años 60 the 1960s
decidido, -a determined
decidir(se) to decide; —se a to decide (to)
décimo, -a tenth
decir to say, tell; es — that is; querer — to mean; se dice it is said
decisivo, -a decisive
declaración declaration
declarar to declare; to state
decoración decoration

dedicación dedication
dedicar (qu) to dedicate, devote
dedo finger; toe
defender (ie) to defend
defensa defense
defensor, -a defending; *n mf* defender
definir to define
definitivo, -a definitive; en definitiva in short; in conclusion
deformación deformation
dejar to leave; to let, allow; — de to stop
del contraction of de + el
delegación delegation
delicado, -a delicate
delicioso, -a delicious
demanda demand
demandar to demand
demás rest (of the)
democracia democracy
democrático, -a democratic
demográfico, -a demographic; crecimiento — population growth
demonio demon, devil
demostrar (ue) to show; to prove
densidad density
denso, -a dense
dentro within, inside
denuncia denunciation
denunciar to denounce
depender to depend; — de to depend on
deporte *m* sport
deportista *mf* sportsman; sportswoman
depositado (*pp* of depositar) deposited
depósito deposit
depuesto (*pp* of deponer) deposed
derecho, -a right, straight; *n m* right; *n m pl* royalties
derivar(se) to derive; to be derived
derribar to demolish, tear down; to overthrow
derrota defeat
derrotar to defeat
desafiar (í) to challenge, defy
desafío challenge
desaparecer (zc) to disappear
desaparición disappearance
desarrollar(se) to develop
desarrollo development

desastre *m*   disaster
desastroso, -a   disastrous
descender (ie)   to descend
descendiente   descending; *n mf* descendant
desconocido, -a   unknown
desconsuelo   dismay
descontento, -a   discontented, displeased; *n m*   discontent
describir   to describe
descripción   description
descrito (*pp* of **describir**)   described
descubierto (*pp* of **descubrir**)   discovered; uncovered
descubridor *m*   discoverer
descubrimiento   discovery
descubrir   to discover; to uncover
desde   from; since; — **luego**   of course; — **que**   since
desear   to wish, desire
desembarcar   to disembark; to unload
desembarco   disembarkation, unloading, landing
desembocar (qu)   to flow, empty; — **en**   to flow into
desequilibrio   imbalance
desfavorable   unfavorable
desierto, -a   deserted; *n m*   desert
designado (*pp* of **designar**)   designated
desintegrar(se)   to disintegrate
desmayar(se)   to faint
desnudo, -a   naked
desollar   to skin
despacio   slowly
despoblado, -a   desolate; uninhabited
déspota *m*   despot
despreciar   to despise
desproporción   disproportion
desproporcionadamente   disproportionately
después   afterward, later, then, after; — **de**   after
destino   destiny; **Destino Manifiesto**   Manifest Destiny
destreza   skill
destrucción   destruction
destruir (y)   to destroy
desvelo   wakefulness
detalle *m*   detail
determinación   determination; decision

determinado, -a   definite; certain, specified
determinar   to determine; to decide
detrás   behind, after; in the rear; — **de**   behind, in back of
devaluación   devaluation
devoción   devotion
devolución   return, restitution
devorador, -a   devouring; *n mf* devourer
devorar   to devour
día *m*   day; **hoy (en)** —   nowadays; **todos los** —**s**   every day
dialecto   dialect
diálogo   dialog
diario, -a   daily; *n m*   diary
dibujo   drawing
diciembre *m*   December
dictador *m*   dictator
dictadura   dictatorship
dicho (*pp* of **decir**)   said, above-mentioned; *n m*   saying
didáctico, -a   didactic
diez   ten
diferencia   difference; **a** — **de**   unlike
diferente   different
difícil   difficult, hard; — **de**   hard to
dificultad   difficulty
dificultado (*pp* of **dificultar**)   made difficult
dignatario   dignitary
dignidad   dignity
digno, -a   worthy
diluvio   deluge
dimensión   dimension
dinámico, -a   dynamic
dinamismo   dynamism
dinastía   dynasty
dinero   money
dios   god; **Dios**   God
diplomático, -a   diplomatic; *n mf* diplomat
dirección   direction
dirigir (j)   to direct, manage; —**se a**   to head toward, address oneself to
disciplina   discipline
discriminación   discrimination
discurso   speech, talk
discutir   to discuss; to argue
diseño   design

disolución dissolution, dispersal, dissolving
disolver (**ue**) to dissolve, disperse
disponible available
disputa dispute, argument
distancia distance
distante distant, far away
distinción distinction
distinguir to distinguish
distinto, -a different
distribución distribution
distribuido (*pp* of **distribuir**) distributed
diverso, -a diverse, different; *pl* several, various
dividir(**se**) to divide; to be divided
divino, -a divine
división division
divorcio divorce
doble double
doce twelve
documentado (*pp* of **documentar**) documented
documento document
dólar *m* dollar
dolor *m* pain, ache; grief; — **de cabeza** headache
doméstico, -a domestic, household (*adj*)
dominación domination
dominante dominant, domineering
dominar to dominate, rule; to master
dominicano, -a *adj* and *n* Dominican
dominio domain; supremacy
donde where, in which
dónde where? **a** —? where?
dorado, -a gilded, golden
dormir (**ue, u**) to sleep; —**se** to fall asleep
dos two
doscientos, -as two hundred
dramático, -a dramatic
dramatizar to dramatize
dueño, -a owner; **dueña de casa** housewife; **hacerse** — **de** to take possession of
dulce sweet; **agua** — fresh water
durante during
durar to last
duro, -a hard; rough

E

eclesiástico, -a ecclesiastic
economía economy
económico, -a economic
economista *mf* economist
ecuador *m* equator
ecuatoriano, -a *adj* and *n* Ecuadorian
echar to throw, cast; —**se** to lie down
edad age
edificio building
editorial publishing (*adj*); *n f* publishing house; *n m* editorial
educación education
educar to educate
efectivo, -a effective; real, actual
efecto effect; **en** — as a matter of fact
efímero, -a ephemeral, short-lived
ejecutar to perform, execute
ejecutivo, -a executive
ejemplo example; **por** — for example
ejercer to exercise, practice; to exert
ejército army
elaborar to elaborate; to manufacture
elección election
eléctrico, -a electrical
elefante *m* elephant
elegante elegant; fashionable
elegir (**i**) to elect, choose
elemento element
elevación elevation
elevar(**se**) to elevate, raise
eliminar to eliminate
embarcación boat, ship, vessel
embargo: sin — however
emborrachar(**se**) to get drunk
emboscada ambush
emergencia emergency
emigrante emigrant
emigrar to emigrate
empanada turnover, meat pie
emperador *m* emperor
empleado (*pp* of **emplear**) employed, used; *n mf* clerk, employee
en in, into; on; at; — **cambio** on the other hand, by contrast; — **contra de** against; — **cuanto a** regarding, as for; — **efecto** as a mat-

ter of fact; — **realidad** actually;
— **vez de** instead of

enamorado, -a in love; *n mf* sweet-heart, lover

encantado (*pp* of **encantar**) be-witched; enchanted

encantador, -a charming

encerrar (**ie**) to shut in, lock in, lock up

encomendar (**ie**) to entrust

encomendero holder of an **encomienda**

encomienda *hist* group of Indians entrusted to Spanish colonists, who were to educate and Christianize them in exchange for their labor

encontrar (**ue**) to find, meet; —**se** be found, be (situated)

encuentro encounter, meeting; clash

enderezar to straighten (out)

enemigo, -a *adj* and *n* enemy

energía energy

enero January

enfermo, -a sick

enigmático, -a enigmatic

enmascarado, -a masked, wearing a mask

enmienda amendment

enorme enormous

enriquecer (**zc**) to enrich; —**se** to get rich

ensayista *mf* essayist

ensayo essay; rehearsal; trying (*n*)

enseñar to show; to teach

entidad entity, organization

entonces then

entrada entry; entrance

entrar to enter; — **en** to enter into

entre between, among

entrenado (*pp* of **entrenar**) trained

entrenamiento training (*n*)

entretener to entertain; —**se** to pass the time

entusiasmo enthusiasm

enviar (**í**) to send

épico, -a epic (*adj*)

episodio episode

época epoch, age, time, period

equidistante equidistant

equipo equipment; team

equivalente equivalent

equivaler to be equivalent, be equal

era era

erupción eruption

escala scale

escapar(**se**) to escape, run away

escape *m* escape

escena scene; stage

esclavitud slavery

esclavo, -a enslaved; *n mf* slave

escocés, -a *adj* and *n* Scotch

escondido (*pp* of **esconder**) hidden

escribir to write

escrito (*pp* of **escribir**) written; *n m* writing, document

escritor, -a writer

escuela school

escultor *m* sculptor

escultura sculpture

ese, esa *adj* that; **esos, esas** those

ése, ésa *pron* that, that one; **ésos, ésas** those

esfuerzo effort

eso that; a — **de** about; **por** — for that reason, that is why, therefore

espacio space

espada sword

español, -a Spanish; *n m* Spaniard, Spanish language

especial special

especie *f* kind, sort

específico, -a specific

espectacular spectacular

espectáculo spectacle, show

especulación speculation

espera waiting, wait; **en** — **de** waiting for

esperar to wait (for), expect; to hope

espíritu *m* spirit

espiritual spiritual

espléndidamente splendidly, lavishly

esplendor *m* splendor

esquiar (**í**) to ski

estabilidad stability

estabilizar to stabilize

estable stable (*adj*)

establecer (**zc**) to establish, institute; —**se** to take up residence

establecimiento establishment, settle-ment

estación station; season

estadístico, -a   statistical; *n f*   statistics
estado   state; **Estado Libre Asociado de Puerto Rico**   Commonwealth of Puerto Rico; **golpe de** —   coup d'état
estallar   to break out, explode, burst
estancia *Arg*   ranch
estaño   tin
estar   to be; — **a punto de**   to be about to, be at the point of; — **al tanto**   to be up-to-date, be well-informed; — **de acuerdo**   to agree
estatua   statue
este *m*   east
este, esta *adj*   this; **estos, estas**   these
éste, ésta *pron*   this; the latter; **éstos, éstas**   these, the latter
estilo   style; **por el** —   similar, of the sort
estimar   to esteem; to estimate
estimular   to stimulate
esto   this
estratégico, -a   strategic
estrecho, -a   narrow, close; *n m*   strait
estrofa   stanza
estructura   structure
estuario   estuary
estudiante *adj* and *n mf*   student
estudiar   to study
estudio   study; studio
eterno, -a   eternal
étnico, -a   ethnic
europeo, -a *adj* and *n*   European
evento   event
evidente   evident
evitar   to avoid
evolución   evolution
evolucionar   to evolve
exacto, -a   exact
exageración   exaggeration
exagerado, -a   exaggerated
exaltar   to exalt
excavación   excavation
excedente *m*   surplus
excelente   excellent
excéntrico, -a   eccentric, odd
excepción   exception; **a** — **de**   with the exception of
excepcional   exceptional
excepto   except

excesivo, -a   excessive
excitado, -a   excited
exclamación   exclamation
exclamar   to exclaim
excluido (*pp* of **excluir**)   excluded
exclusivamente   exclusively
excusar   to excuse
exhibición   exhibition, exhibit
exhibir   to exhibit, show
exigir   to demand, require
exilado (*pp* of **exilar**)   exiled; *n m* exile (person)
exilio   exile
existencia   existence
existente   existing
existir   to exist
éxodo   exodus
exótico, -a   exotic
expansión   expansion
expedición   expedition
experiencia   experience
experimento   experiment
experto, -a   expert
explicar (qu)   to explain
exploración   exploration
explorador, -a   exploring (*adj*); *n mf* explorer
explorar   to explore
explosión   explosion
explotación   exploitation
explotar   to exploit
exponer   to show; to expound; to expose
exportación   export, exportation
exportar   to export; —**se**   to be exported
expresar   to express
expresión   expression
expropiación   expropriation
exquisito, -a   exquisite
extensión   extension; expanse
extenso, -a   extensive, vast
extender(se) (ie)   to extend, stretch out
exterior   exterior, foreign; *n m*   exterior; **del** —   from abroad
extinguir   to extinguish; —**se**   to become extinct
extinto, -a   extinct, extinguished
extranjero, -a   foreign; *n mf* foreigner;

n m foreign land; **al —** abroad; **en el —** abroad
extraordinario, -a extraordinary
extremadamente extremely
extremista *adj* and *n mf* extremist
extremo, -a extreme; *n m* end, extreme

F

fabuloso, -a fabulous
fácil easy; **— de** easy to
facilitar to facilitate
facón *Arg* gaucho knife
factor *m* factor
facultad faculty, skill
falta lack; shortage; mistake; **hacer —** to be needed
fama fame
familia family
familiar: habla — colloquial speech
famoso, -a famous
fango mud
fantasía fantasy
fantástico, -a fantastic
fascinante fascinating
fatal fatal
favor *m* favor; **a —** in favor
favorable favorable
favorecer (**zc**) to favor
favorito, -a favorite
fecha date; **hasta la —** to date
federación federation
federal federal
femenino, -a feminine
fenomenal phenomenal
fenómeno phenomenon
ferozmente ferociously
ferrocarril *m* railroad, railway
fértil fertile
fertilizante fertilizing (*adj*); *n m* fertilizer
fertilizar (**c**) to fertilize
festival *m* festival
festividad festivity
feudal feudal
feudalismo feudalism
fiera wild animal

fiesta party, feast
figura figure; shape
fijar to fix; **—se** (**en**) to notice, imagine
filósofo philosopher
fin *m* end; purpose; **a — de** in order to; **a —es de** at the end of, near the end of; **por —** finally
final final; *n m* end
financiar to finance
financiero, -a financial; *n mf* financier
finca farm, ranch
firmar to sign
físico, -a physical
flexible flexible
flor *f* flower
fluvial river (*adj*)
folklore *m* folklore
folklórico, -a folkloric
fomentado (*pp* of **fomentar**) promoted, encouraged
forestal forestal, forest (*adj*)
forma shape, form
formación formation
formal formal; serious
formar to form, make up; **—se** to take form
formidable formidable
formulado (*pp* of **formular**) formulated
fortaleza fortress; fortitude
fortuna fortune
fracasar to fail
fracción fraction
fragmentación fragmentation
fragmento fragment
fraile *m* friar
francés, -esa French; *n m* Frenchman, French language
frase *f* phrase; sentence
frecuente frequent
frente *m* front; *f* forehead; **al —** in front; **al — de** in charge of, heading; **en — (de)** in front (of), opposite; **— a** facing; faced with; in front of; **hacer — a** to face
fresa strawberry; **de —** rosy (color)
fresco, -a fresh, cool; **hacer —** to be cool (weather); *n m* cool air
frío, -a cold; *n m* coldness; **hacer —**

to be cold (weather); **tener —** to be cold, feel cold (person)

frívolo, -a   frivolous

frontera   border, frontier

fronterizo, -a   border (*adj*), bordering

fruta   fruit

fruto   fruit (result of labor or work)

fuego   fire

fuente *f*   fountain; source

fuera   out, outside; **— de**   out of, aside from

fuerte   strong, loud; *n m*   fort

fuerza   force, strength; **a la —**   by force

función   function; operation; duty

funcionario   official (*n*, government or public)

fundación   foundation; founding (*n*)

fundador, -a   founding (*adj*); *n m* founder

fundamental   fundamental

fundar   to found; **—se**   to be based

fundir   to smelt

fundo *Ch*   farm, state

fusión   fusion

fútbol *m*   soccer

futbolístico, -a   soccer (*adj*)

futuro, -a   future; *n m*   future

G

gana   desire; **tener —s (de)**   to want to, feel like

ganado   cattle; livestock

ganar(se)   to win; earn; gain

garantizar (c)   to guarantee

garrote *m*   club, big stick; **política del —**   Big Stick Policy

gasto   expense

gauchesco, -a   Gaucho (*adj*)

gaucho   Argentinian or Uruguayan cowboy

generación   generation

general   general; **por lo —**   usually

generalización   generalization

genéricamente   generically

género   kind, sort; genre; gender

genial   of genius

gente *f*   people

geografía   geography

geográfico, -a   geographic

gigante *m*   giant

gigantesco, -a   gigantic

gloria   glory

glorioso, -a   glorious

gobernante   ruling (*adj*); *n m*   ruler

gobernar (ie)   to govern, rule

gobierno   government

golfo   gulf

golpe de estado   coup d'etat

gozar (c)   to enjoy; **— de**   to enjoy

grabado   engraving

gracias   thank you, thanks

grado   grade; degree; step

gráfico, -a   graphic

grande, gran   big, large; great

grandeza   greatness

grano   grain

gris   gray; gloomy

grito   cry, shout

grotesco, -a   grotesque

gruñir   to grunt, growl

grupo   group

guaraní *adj mf*   Guarani (of Indians from Paraguay and northern Argentina); *n m* Guarani language and person

guardameta *m*   goalie

guardar   to keep, save

guardia *m*   guard; *f*   guard (corps)

guatemalteco, -a   *adj* and *n*   Guatemalan

guerra   war; **en —**   at war

guerrero, -a   warlike; *n m*   warrior, soldier

guitarra   guitar

guitarrista *mf*   guitarist, guitar player

H

haber   to have, be (impersonal); **hay** there is; there are; **hay que**   it is necessary; **hubo, había**   there was; there were; **no hay (nada) como** there is nothing like

habilidad   skill, ability

habitante *mf*   inhabitant

habla   *m*   speech;   **de — española**

Spanish-speaking; **de —** **inglesa** English-speaking; **— familiar** colloquial speech
hablar to speak, talk
hacendado landowner, property owner
hacer to do, make; **— alarde de** to boast of, show off; **— calor** to be hot (weather); **— caso** to pay attention; **— falta** to be needed; **— frío** to be cold (weather); **— patria** to forge the homeland; **hace** ago (in expressions of time: **hace miles de años** thousands of years ago); **—se** to become, be made; **—se tarde** to be getting late
hacia toward, to
hacienda farm, ranch, estate
hasta even; until; as far as; up to; **— cierto punto** to a certain extent; **— que** until
hay there is; there are
hecho (*pp* of **hacer**) done, made; *n m* fact; deed; act; event; **de —** in fact
helicóptero helicopter
hemisférico, -a hemispheric
hemisferio hemisphere
heredero, -a heir; **— legítimo** rightful heir
herencia inheritance; heritage
herir (**ie, i**) to wound, hurt
hermoso, -a beautiful
héroe *m* hero
heroicamente heroically
heroísmo heroism
hierro iron; **mineral de —** iron ore
hija daughter
hijo son
hípica: competencia — horse show
hispanoamericano, -a *adj* and *n* Spanish American
historia history; story, tale
historiador, -a historian
histórico, -a historic, historical
hoja leaf, blade
holandés, -a Dutch; *n m* Dutchman, Dutch language
hombre *m* man

homenaje *m* homage; **en — a** in honor of
homogéneo, -a homogeneous
hondo, -a deep
hondureño, -a *adj* and *n* Honduran
honor *m* honor; **en — a** in honor of
hora hour, time
horizonte *m* horizon
hospital *m* hospital
hotel *m* hotel
hoy today; nowadays, now; **— (en) día** nowadays
humano, -a human, humane; **ser —** human being
húmedo, -a humid, damp
humor *m* humor
Hungría Hungary

I

idea idea
ideal ideal; *n m* ideal
idealista idealistic; *n mf* idealist
idealización idealization
identificar (**qu**) to identify
ideológicamente ideologically
iglesia church
ignorancia ignorance
iguana iguana
ilegal illegal
ilusión illusion; hope; dream
ilustración illustration
ilustrar to illustrate
ilustre illustrious
imagen *f* image; picture
imaginación imagination
imaginar(se) to imagine
imaginario, -a imaginary
imitación imitation
imitar to imitate
impecablemente impeccably
impedir (**i**) to prevent, impede
impenetrable impenetrable
imperial imperial
imperialismo imperialism
imperialista imperialistic; *n mf* imperialist
imperio empire

implementación   implementation
implementar   to implement
imponente   imposing
imponer   to impose; to command respect; —se   to assert oneself
importación   import, importation
importancia   importance
importante   important; large; considerable
importar   to import; to matter
imposible   impossible
imposición   imposition
impresionado   (*pp* of **impresionar**) impressed
impropio, -a   improper
improvisar   to improvise
impuesto   (*pp* of **imponer**)   imposed; *n m*   tax
impulsar   to prompt, propel
inadecuado, -a   inadequate; unsuited
inaugurar   to inaugurate
inca *adj* and *n mf*   Inca; *n m*   Inca (ruler)
incaico, -a   Inca (*adj*)
incapaz   incapable, unable, incompetent
incentivo   incentive
incitar   to incite
incluir (y)   to include
incluso   including
incomparable   incomparable
incorporación   incorporation
incorporar(se)   to incorporate
increíble   incredible
independencia   independence
independiente   independent
indicar (qu)   to indicate, show, point out
índice *m*   index; — de alfabetismo literacy rate
indígena *adj* and *n mf*   indigenous, Indian, native
indio, -a *adj* and *n*   Indian; las Indias the Indies; Indias Occidentales West Indies
individual   individual (*adj*)
industria   industry
industrial   industrial; *n m*   industrialist

industrialización   industrialization
industrializado   (*pp* of **industrializar**) industrialized
inesperadamente   unexpectedly
inexacto, -a   inexact
inexplorado, -a   unexplored
infección   infection
inferior   inferior; lower
inferioridad   inferiority
infiel   unfaithful; *n mf*   infidel, nonbeliever
infierno   hell
inflación   inflation
inflexible   inflexible, unbending
influencia   influence
información   information
ingeniero   engineer
ingenio   sugar mill
inglés, -a   English; *n m*   Englishman, English language; de habla — English-speaking
ingrediente *m*   ingredient
ingreso   admission; *pl* earnings, income
inhospitalario, -a   inhospitable
iniciado, -a (*pp* of **iniciar**)   begun, started; initiated
injusticia   injustice
injusto, -a   unjust, unfair
inmediato, -a   immediate
inmenso, -a   immense
inmigración   immigration
inmortalizado, -a   immortalized
insecto   insect
insignificante   insignificant
inspiración   inspiration
inspirar   to inspire; —se en   to be inspired by
instalación   installation; plant, factory
institución   institution
instituir (y)   to institute, establish
instituto   institute
instrucción   instruction; education
instructor, -a   instructing (*adj*); *n m* instructor
instruido, -a   well-educated
instrumento   instrument, tool
insuficiencia   insufficiency
insuficiente   insufficient

integrar to integrate; to make up
intelectual *adj* and *n mf* intellectual
intensificación intensification
intenso, -a intense
intento attempt; purpose, intent
interamericano, -a inter-American
intercambio exchange, interchange
interés *m* interest
interesante interesting
interior interior
interminable endless
internacional international, world-wide
interno, -a internal
interoceánico, -a interoceanic
interpretación interpretation
interpretar to interpret
intérprete *mf* interpreter
intervención intervention; **no —** non-intervention
intervenir to intervene
intolerable intolerable
intriga intrigue
introducción introduction
introducir (zc) to introduce; to insert
inundación flood
invadir to invade
invasión invasion
invasor, -a invading; *n mf* invader
invencible invincible
invención invention
inventar to invent
inversión investment
inversionista *mf* investor
invertir (ie, i) to invest
investigación investigation; research
investigador, -a investigating; *n mf* investigator; researcher
invierno winter
invitación invitation
invitado, -a (*pp* of **invitar**) invited; *n mf* guest
ir to go; **— a +** *inf* to go + *inf,* be going + *inf;* **— de compras** to go shopping; **— de vacaciones** to go on vacation; **—se** to go out, go away, leave for
irlandés, -a *adj* and *n* Irish
ironía irony
irracional irrational
irregularidad irregularity

irresponsable irresponsible
irrigación irrigation
irrigar to irrigate
isla island; **Isla de Pascua** Easter Island
italiano, -a *adj* and *n* Italian
izar to hoist
izquierdo, -a left

J

jactancioso, -a boastful, bragging
Japón Japan
jefe *m* chief, boss
jesuíta *m* Jesuit
jesuítico, -a Jesuitical
jívaro *adj* and *n* Jivaro (primitive Indian of Ecuador)
joven young; *n mf* young person
juego game
jugador, -a player
jugar (ue, gu) to play
juglar *m* juggler; minstrel
juicio judgment; trial
julio July
justicia justice
justificar to justify
justo, -a just, fair

L

la the, her, it, you; *pl* the, them, you
laboral labor (*adj*)
laboratorio laboratory
ladera slope, hillside
lado side; **por ningún —** nowhere; **por todos —s** everywhere
lagarto alligator
lago lake
laguna lagoon, small lake
lamentar to lament; to regret; **—se de** to lament
lana wool
largo, -a long; *n m* length; **a lo — de** along
latifundio large estate, rural property

latino, -a   *adj* and *n*   Latin
lavar(se)   to wash
lazo   lasso; bond, tie
le   him, her, you, to him, to her, to
    you, to it; *pl*   to them, to you
lectura   reading (*n*)
leer (y)   to read
legal   legal
legalizar (c)   to legalize
legendario, -a   legendary
legislación   legislation
lejano, -a   distant, far away
lejos   far, far away
lengua   language; tongue
lenguaje *m*   language, speech
letra   letter (of alphabet); handwriting;
    lyrics; *pl*   letters (literature)
ley *f*   law
leyenda   legend
liberar   to liberate, free
libertad   liberty, freedom; **poner en —**
    to free
libertador, -a   liberating; *n m*   libera-
    tor
libre   free
libreta   notebook; **— de racionamiento**
    ration book
libro   book
líder *m*   leader
limitación   limitation
limitar   to limit; to border, bound
límite *m*   limit; boundary
limpiar   to clean
línea   line
líquido, -a   liquid; *n m*   liquid
lista   list
literalmente   literally
literario, -a   literary
literatura   literature
lo   it, him, you, the, how; **— que**
    what; *pl*   the, them
lobo   wolf
local   local; *n m*   quarters, premises
lucha   fight, struggle
luchar   to fight, struggle
lugar *m*   place; **dar — a**   to give rise
    to; **en — de**   instead of; **— común**
    commonplace; **tener —**   to take
    place
lujo   luxury

LL

llaga   wound
llama   llama
llamar   to call; **—se**   to be named, be
    called
llanero   plainsman
llano, -a   flat, level; plain; *n m*   plain,
    prairie
llanura   plain, lowland
llegada   arrival
llegar (gu)   to arrive, get to, reach;
    — a   to come to; **— a ser**   to be-
    come
llenar   to fill; **— de**   to fill with; **—se**
    to get full; **—se de**   to get cov-
    ered with
lleno, -a   full
llevar   to carry; to take; to wear; to
    lead; to have been (in expressions
    of time; **lleva tres años aquí**   has
    been here three years); **— a cabo**
    to carry out; **—se**   to carry away,
    take, get along
llover (ue)   to rain
lluvia   rain

M

macrocefalia   macrocephaly
macrocéfalo, -a   macrocephalic
madera   wood
madre *f*   mother
madurar   to mature; to ripen
madurez *f*   maturity
magnífico, -a   magnificent, wonderful
maíz *m*   corn
majestad   majesty
mal   ill; bad; badly, poorly; *n m*   evil,
    ill
malestar *m*   indisposition, mild sickness
malo, -a, mal   bad; poor; evil; sick;
    wrong
maltratado, -a   mistreated, abused
manada   flock, herd
mandar   to send; to order
mandato   term (of office); mandate
mando   command
manejar   to handle; to drive (a vehicle)

manejo handling (n)

manera manner, way; **de esta —** in this way; **de — que** so, so that; **de todas —s** anyway, in any event

manifestación manifestation; demonstration

manifiesto, -a manifest; n m manifesto; **Destino Manifiesto** Manifest Destiny

mano f hand; **a —** by hand

mansión mansion

mantener to maintain, support, keep

manual manual; n m handbook

mapa m map

máquina machine, engine

mar m sea; **Mar Caribe** Caribbean Sea

marcadamente markedly

marcar (qu) to mark

marcha march

marginal marginal

marinero sailor, seaman

marítimo, -a maritime, sea (adj)

marxismo Marxism

marxista adj and n mf Marxist

más more; most; **cada vez —** more and more; **— de, — que** more than; **— tarde** later; **no tener — remedio que** to have no other choice except

masa mass

matar to kill

matemático, -a mathematical; n m mathematician

material material; n m material

materialista materialistic

máximo, -a maximum, greatest

maya adj and n mf Maya, Mayan

mayor greater; greatest; larger; largest; older; oldest; **la — parte de** most of; n m pl elders

mayoría majority

mayúscula capital letter

me me, to me, myself

mecanización mechanization

mediados: a — de around the middle of (month, year, century)

medicina medicine

médico, -a medical; n mf doctor, physician

medida measurement; measure; size

medieval medieval

medio, -a half; middle; n m means, way; **de por —** halfway; **en — de** in the middle (midst) of

mediterráneo Mediterranean

mejor better, best

mejorar to improve, make better; **—se** to get better

melodía melody, song

melódico, -a melodic

melodioso, -a melodious

memoria memory; memoir; **de —** by heart

menor less; lesser; least; smaller; smallest; younger; youngest

menos less; least; fewer; except; **a — que** unless; **al —, por lo —** at least; **— de, — que** less than

mensajero, -a messenger

mental mental

mentalidad mentality

menú m menu

mercado market, market place

mes m month

meseta plateau

mestizo, -a half-breed, mestizo (part Spanish, part Indian)

metafóricamente metaphorically

metal m metal

meticuloso, -a meticulous

método method

metro meter

metropolitano, -a metropolitan

mexicano, -a adj and n Mexican

mezcla mixture

mezclado (pp of **mezclar**) mixed

mi my

mí me

miembro member

mientras while; **— que** while; whereas; **— tanto** meanwhile, in the meantime

mil one thousand

milagro miracle

militante adj and n mf militant

militar military; n m military man

milla mile

millón m million

mina mine

mineral mineral (*adj*); **carbon —** coal; *n m* mineral, ore; **— de hierro** iron ore

minería mining (*n*)

minero, -a mining; *n m* miner; mining

minoría minority

minúscula small letter

mío, -a my, (of) mine

mirar to look (at, upon)

miserable miserable, wretched

miseria misery; poverty

misión mission

misionero missionary

mismo, -a same; self; **ellos —s** they themselves; **gobernarse a sí —** to govern oneself; **lo —** the same thing; **sí —** himself, herself, itself; **sí —s** themselves

misterio mystery

misterioso, -a mysterious

mitad *f* half, middle; **a (la) — de** halfway through; **por la —** in half

mitología mythology

modelo model, pattern

moderar to moderate, restrain

Modernismo Modernism (literary movement of the late nineteenth and early twentieth centuries)

modernista *adj* and *n mf* Modernist (referring to Modernism)

modernización modernization

modernizar to modernize; **—se** to become modern

moderno, -a modern

modificado (*pp* of **modificar**) modified

molestar to bother; **—se (en)** to bother (to), take the trouble (to)

momento moment

momia mummy

monarquía monarchy

monasterio monastery

moneda currency

mono monkey

monolítico, -a monolithic

monótono, -a monotonous

monstruo monster

montaña mountain

montañoso, -a mountainous

monumental monumental

monumento monument

moral moral; *n f* morals; morale

morir(se) (ue, u) to die; **¡Muera . . . !** Down with . . . !

mortalidad mortality

Moscú Moscow

movilización mobilization

movimiento movement, motion

muchacha girl

muchacho boy

mucho, -a much, many, a great deal, a lot; **— tiempo** a long time

mudo, -a mute

muerte *f* death; **pena de —** capital punishment, death penalty

mujer *f* woman, wife

mulato, -a mulatto

multinacional multinational

multpilicar(se) (qu) to multiply

mundial world (*adj*), world-wide

mundialmente throughout the world, all over the world

mundo world; **del —** in the world; **en todo el —** throughout the world; **todo el —** everybody

mural *m* mural (painting)

muralla (massive) wall

museo museum

musical musical

música music

músico musician

mutuo, -a mutual

muy very, too

N

nacer (zc) to be born

nacimiento birth

nación nation

nacional national

nacionalidad nationality

nacionalismo nationalism

nacionalista nationalistic; *n mf* nationalist

nacionalización nationalization

nacionalizado (*pp* of **nacionalizar**) nationalized

nada nothing; anything

nadie   nobody, no one

nahuatl *m*   Nahuatl (language of the Aztecs)

napoleónico, -a   Napoleonic

naranja   orange

nasserismo   Nasserism (authoritarian socialism in the Middle East)

natural   natural; native

naturaleza   nature

naturalista   naturalistic; *n mf*   naturalist

náusea   nausea

navegación   navigation

navegante *m*   navigator

navegar   to navigate, sail

Navidad   Christmas

necesario, -a   necessary

necesidad   necessity, need

necesitar   to need; —se   to be needed

negativo, -a   negative

negociación   negotiation

negocio   business

negro, -a   black; *n mf*   Negro, Black

neofeudalismo   neofeudalism

nevado, -a   snow-covered

ni   nor; — siquiera   not even

nicaragüense *adj* and *n mf*   Nicaraguan

nieve *f*   snow

ninguno, -a, ningún   any, no, none, no one, nobody

niña   female child

niño   male child; *pl*   children

nitrato   nitrate

nitrógeno   nitrogen

nivel *m*   level; — del mar   sea level; — de vida   standard of living

no   no, not; —hay (nada) como   there is nothing like; ya —   no longer

noble   noble

nobleza   nobility

nómada   nomadic; *n mf*   nomad

nombrar   to name

nombre *m*   name; noun

noreste *m*   northeast

norma   norm, rule

normalmente   normally

norte *m*   north

norteamericano, -a *adj* and *n*   American (U.S.), North American

noruego, -a *adj* and *n*   Norwegian

nos   us, to us; ourselves; each other

notable   notable, remarkable

novela   novel (*n*)

novelista *mf*   novelist

noviembre *m*   November

nube *f*   cloud

nuestro, -a   our, ours

nueve   nine

nuevo, -a   new

numérico, -a   numerical

número   number

numeroso, -a   numerous

nunca   never, ever

Ñ

ñandutí *m*   nanduti (Paraguayan lace)

O

o   or

obelisco   obelisk

objeto   object

obligación   obligation, duty; *pl*   responsibilities

obligar (gu)   to oblige; to force, obligate

obra   work

obrero, -a   working (*adj*); *n m*   worker; sindicato —   labor or trade union

observación   observation

observar   to observe

observatorio   observatory

obstáculo   obstacle

obtener (ie)   to obtain, get

ocasión   occasion, opportunity

occidental   western

occidentalizar (c)   to Westernize, incorporate into Western culture

océano   ocean

ocupación   occupation

ocupar   to occupy

ocurrir   to occur, happen, take place

ocho   eight

oeste *m*   west

oferta   offer

oficial *adj* and *n mf*   official

oficina   office
ofrecer (zc)   to offer
oligarca m   oligarch
oligarquía   oligarchy
olvidar(se)   to forget; —se de   to forget (about)
onomatopéyico, -a   onomatopoeic
opción   option
ópera   opera
operación   operation
operar   to operate, run, drive
operático, -a   operatic
opinar   to have an opinion about, think
opinión   opinion
oponer(se)   to oppose, be against; —se a   to be against
oportunidad   opportunity, occasion
oposición   opposition
oprimido, -a (pp of oprimir)   oppressed
opuesto, -a (pp of oponer)   opposed; opposite
opulencia   opulence, wealth
oralmente   orally
órbita   orbit
orden f   order (command); m   order (arrangement, sequence)
ordenar   to order; to arrange, put in order
organización   organization
organizador, -a   organizing (adj); n mf organizer
organizar (c)   to organize
orgullo   pride
orgulloso, -a   proud
orientación   orientation
oriental   eastern, Oriental; Banda Oriental   East Bank
orientar   to orient; —se   to be oriented
oriente m   east, Orient
origen m   origin
original   original
orilla   edge, shore, bank
ornamentación   ornamentation
ornamental   ornamental
oro   gold
oscuro, -a   dark, obscure; n m   dark
otro, -a   other, another
oveja   sheep
oxígeno   oxygen

P

paciente adj and n mf   patient
pacificación   pacification
pacífico, -a   pacific, peaceful
padecer (zc)   to suffer
padre m   father; pl   parents
pagano, -a   pagan
pagar (gu)   to pay (for)
página   page
país m   country
paisaje m   landscape, scenery
pájaro   bird
palabra   word
palacio   palace
pálido, -a   pale, pallid
palma   palm tree
pampa   pampas (vast prairies in Uruguay and Argentina)
pan m   bread
panameño, -a adj and n   Panamanian
panamericano, -a   Pan-American, interAmerican
panorama m   panorama
papa   potato; m Papa   Pope
papel m   paper; role; hacer el —   to play the role
papiamento   papiamento (language of Curaçao)
para   to; for; in order to; toward; by; — con   toward; — que   so that, in order that
paradoja   paradox
paraguayo, -a adj and n   Paraguayan
paraíso   paradise
paralelo, -a   parallel
parcela   parcel; plot (of land)
parcialmente   partially
parecer (zc)   to seem, appear (to be); —se (a)   to resemble, be alike, look alike, look like
parecido, -a (a)   similar (to); pl alike
parodia   parody
parque m   park
parte f   part, side; de — de   on the part of; en gran — de   most of; en ninguna —   nowhere; en — partly, in part; la mayor —   most; por otra —   on the other hand; por todas —s   everywhere

participación   participation
participar   to participate, take part
particular   particular, private
partidario, -a   follower; supporter
partida   departure
partido   (political) party; game, match
partir   to leave, depart; to break, split,
   cut in pieces; a — de   starting
   from, beginning with, since
pasa   raisin
pasado, -a   past; n m   past
pasaje m   passage
pasar   to pass; to happen; to go (by);
   to cross; to spend (time); — a ser
   to become; — de   to exceed, go
   beyond; —se   to go too far
Pascua: Isla de —   Easter Island
pasión   passion
paso   step, pace; passage; pass
pasto   pasture; grass
patata   potato
paternalista   paternalistic; estado —
   welfare state
patio   patio, courtyard
pato   duck
patria   fatherland, homeland; hacer —
   to forge the homeland
patrimonio   patrimony
patriota mf   patriot
patriótico, -a   patriotic
payador Arg   Gaucho ballad-singer
paz f   peace
pecado   sin
pectoral   pectoral
pedir (i)   to ask for, request
película   movie, film
peligro   danger; correr —   to be in
   danger; poner en —   to endanger
pelota   ball
pena   sorrow, grief; — de muerte
   death penalty, capital punishment;
   valer la —   to be worthwhile
penetración   penetration
península   peninsula
peninsular   peninsular
pensador m   thinker
pensar (ie)   to think; — en   to think
   about
pensión   pension

peor   worse; worst
pequeño, -a   small, little
perder (ie)   to lose; —se   to get lost
peregrinación   pilgrimage
perfección   perfection
perfecto, -a   perfect
periódico, -a   periodic, periodical; n m
   newspaper
período   period (of time)
permanente   permanent
permitir   to permit, allow
pero   but
perpendicularmente   perpendicularly
perseguir (i)   to pursue; to persecute
persona   person
personaje m   (literary) character, per-
   sonage
personal   personal
pertenecer (zc)   to belong
peruano, -a adj and n   Peruvian
pesar: a — de   in spite of
pesca   fishing (n)
pescador m   fisherman
pesquero, -a   fishing (adj)
petit grain   petit grain (oil extracted
   from a type of orange tree)
petrificado, -a   petrified
petróleo   petroleum, oil
petrolero, -a   oil (adj)
pico   peak
pie m   foot
piedra   stone
pierna   leg
pingo Arg   swift and spirited horse
pintor, -a   painter
pintoresco, -a   picturesque
pintura   painting (n)
pirámide f   pyramid
pirata m   pirate
pirático, -a   pirate (adj)
plan m   plan
plano, -a   level, smooth, flat
planta   plant
plantación   plantation
plástico, -a   plastic; n m   plastic, plas-
   tics
plata   silver
plática   talk, chat; entrar en —s   to
   discuss

plato dish, plate; course (of a meal)
playa beach, shore
plaza plaza, (city) square; market place
pluma pen; feather
población population; town
poblado, -a populated
pobre poor; *n mf* poor person
poco, -a little; *pl* few; — a — little by little; un — (de) a little; unos —s a few
poder (ue, u) to be able; can, may; *n m* power
poderoso, -a powerful
poema *m* poem
poesía poetry, poem
poeta *m* poet
poético, -a poetic
policía *f* police; *m* policeman
político, -a political; *n m* politician; *n f* politics; policy; **política del buen vecino** Good Neighbor Policy; **política del garrote** Big Stick Policy
polo pole; polo
polvo dust; powder
poner to put, place; — **en libertad** to free; — **en peligro** to endanger
popular popular
popularidad popularity
popularizar(se) to become popular
poquito very little; un — a little bit
por by; for; through; during; per; via; on behalf of; on account of; **cien(to)** — **ciento** one hundred percent, completely; — **completo** completely; — **ciento** percent; —**ejemplo** for example; — **el cual** by which; — **eso** therefore; — **fin** finally; — **lo general** generally, normally; — **lo menos** at least; — **lo tanto** therefore; — **ninguna parte** nowhere; — **qué** why? — **todas partes** everywhere; — **valor de** worth
porcentaje *m* percentage
porción portion
porque because
portero doorman; goalie

portugués, -esa Portuguese; *n m* Portuguese; Portuguese language
poseer to possess, have; to hold (a title)
posesión possession
posibilidad possibility
posible possible; — de possible to
posición position
positivo, -a positive
potencia potency, power; — **mundial** world power
practicante practicing
practicar (qu) to practice; engage in
práctico, -a practical; *n f* practice
precario, -a precarious
precaución precaution
precedente preceding; *n m* precedent
precipitar(se) to precipitate
precio price
precisamente as a matter of fact
precolombino, -a pre-Columbian
predeterminado, -a predetermined
predominante predominant
predominar to predominate
preferir (ie, i) to prefer
preguntar to ask; — **por** to ask for, ask about
prehispánico, -a pre-Hispanic
prehistoria prehistory
prehistórico, -a prehistoric
premio prize
prensa press
preparar(se) to prepare, be ready, get ready
prerrevolucionario, -a prerevolutionary
presencia presence
presentar to present; —se to appear
presente *m* present
preservar to preserve
presidencial presidential
presidente *m* president
presión pressure
prestar to lend; — **servicio** to render service
prestigio prestige
prevalente prevailing
prever to foresee
primavera spring (season)

primero, -a, primer   first; a — vista   at
   first glance
primitivo, -a   primitive
princesa   princess
principal   principal, main
principio   beginning, origin; principle;
   al —   at first; a —s   at the beginning
prisionero, -a   prisoner
privado, -a   private
privilegiado, -a   privileged
privilegio   privilege
probable   probable, likely
problema *m*   problem
procesión   procession
proceso   process
proclamar   to proclaim
procreación   procreation
producción   production
producir (zc)   to produce
productivo, -a   productive
producto   product
productor, -a   producing (*adj*); *n mf*
   producer
profesional *adj* and *n mf*   professional
profundo, -a   profound, deep
progenitor *m*   progenitor
progresar   to progress, get ahead
progresista *adj* and *n mf*   progressive
progresivamente   progressively
progreso   progress
prohibición   prohibition
prohibir   to prohibit, forbid
prolífico, -a   prolific
prolongado, -a   prolonged, extended
promedio   average
promesa   promise
prometer   to promise
prominente   prominent, outstanding
promotor, -a   promoter
promulgación   promulgation
propaganda   propaganda, advertising
propiedad   property, ownership
propietario, -a   proprietary; *n m* pro-
   prietor; *n f*   proprietress
propio, -a   proper, suitable; own, one's
   (their) own; himself, herself, itself;
   pl themselves
proporción   proportion
propósito   purpose, aim

prosperidad   prosperity
protagonista *mf*   protagonist
protección   protection
protector, -a   protective; *n m*   protector
protectorado   protectorate
proteger (j)   to protect
protesta   protest
protestante *adj* and *n mf*   Protestant
protestantismo   Protestantism
proveer   to provide, supply; — de   to
   provide with
provisional   provisional
proximidad   proximity, closeness
próximo, -a   next; near
proyecto   project
psicológico, -a   psychological
publicación   publication
publicar (qu)   to publish
publicidad   publicity; advertising
público, -a   public; *n m*   public; audi-
   ence
pueblo   people; town
puente *m*   bridge
puerta   door; gate; entrance; — de entrada   gateway
puerto   port, harbor
puertorriqueño, -a *adj* and *n*   Puerto
   Rican
pues   well; since; then; así —   thus
punto   point; period (punctuation);
   estar a — de   to be at the point of,
   be about to; hasta cierto —   to a
   certain extent
pureza   purity
puritanismo   Puritanism
puro, -a   pure

Q

que   that, which, who, whom; than,
   for, because; lo —   what
qué   what?; — más   what else? por —
   why?
quechua   Quechuan, Quechua; *n m*
   Quechua (pre-Columbian Andean
   language)
quedar(se)   to remain, stay, be left,

leave off, be (located); —se con to keep

querer to want, wish, like, love; — decir to mean

quien who, whom, one who

quién who? whom? de — whose?

químico, -a chemical

R

racial racial

racional rational; n m rational being

racionamiento rationing; libreta de — ration book

racista adj and n mf racist

radical adj and n mf radical

rapidez f rapidity, fastness

rápido, -a rapid, fast, rapidly

raya dash, line

rayo ray

razón f reason; tener — to be right

reacción reaction

realidad reality; en — really

realista realistic

realizar (c) to accomplish, carry out, fulfill

realmente really

rebaño flock

rebelión rebellion, revolt

recibir to receive, get

reciente recent

recoger (j) to collect; to pick up

recomendar (ie) to recommend; to suggest

reconocer (zc) to recognize

recordar(se) (ue) to remember; to remind

recuerdo memory (remembrance), souvenir

recuperación recovery, recuperation

recurso resource; recourse

rechazado (pp of rechazar) rejected, refused

red f net; network, system

redistribución redistribution

reducir (zc) to reduce, cut down

reelección reelection

referir(se) (ie, i) to refer

refinamiento refinement

reflejar to reflect; to reveal, show

reforma reform

reformar to reform

refrán m proverb, saying

refrigerado, -a refrigerated

refugiado, -a sheltered; n mf refugee

régimen m regime

región region

regionalismo regionalism

regla rule

regresar to return, come back

regreso return

regular to regulate

reino kingdom

relación relation

relajado, -a relaxed

relativo, -a relative

relieve m relief

religión religion

religioso, -a religious

reliquia relic

relleno filling, stuffing

remedio remedy; no tener más — que to have no other choice except

remoto, -a remote

reemplazado (pp of reemplazar) replaced

rendimiento yield; output

renta rent; income

repertorio repertory

repetición repetition

repetir (i) to repeat

representante m representative

representar to represent; to show

representativo, -a representative

reproducir (zc) to reproduce

república republic

reputación reputation

requerir (ie, i) to require, demand

rescate m ransom

resentimiento resentment

resentir(se) (ie, i) to resent; —se de to be offended by; to resent

reservación reservation

reservar(se) to reserve

residencia residence

resistencia resistance

resistir to resist, withstand; to fight off

resolver (ue) to solve; to resolve

respectivo, -a respective

respecto reference, respect; **con — a** with respect (regard) to
respetar to respect
respeto respect
responsabilidad responsibility
responsable responsible; **— de** responsible for
respuesta answer, response
restauración restoration
restaurante *m* restaurant
resto rest, remainder; *pl* remains
resultado result, outcome; **como —** as a result
resultar to result, turn out to be
resumir to summarize, sum up
retorno return
reunificar to reunite
reunion gathering, meeting
reunir(se) to gather, meet, get together
revelar to reveal
revista magazine
revivalismo Revivalism
revivalista Revivalist
revocar (qu) to revoke
revolución revolution
revolucionario, -a revolutionary
revuelta revolt
rey *m* king; **Reyes Magos** the Magi
ribera bank, shore
rico, -a rich, wealthy; *n mf* rich person
rígido, -a rigid
riguroso, -a rigorous
rincón *m* corner, nook
río river; **Río de la Plata** River Plate
rioplatense *adj* and *n mf* River Plate
riqueza richness, wealth; *pl* wealth, riches
risa laughter, laugh
rítmico, -a rhythmic, rhythmical
ritmo rhythm
rival *adj* and *n mf* rival
rodear to surround; to go around
romano, -a *adj* and *n* Roman
romántico, -a romantic
romper to break; to tear
ropa clothing, clothes
rudimentario, -a rudimentary
rueda wheel; circle

ruina ruin
rumor *m* rumor
rural rural, country (*adj*)
ruso, -a *adj* and *n* Russian
rústico, -a rustic
ruta route, itinerary

S

saber to know; to know how; to find out
sabor *m* flavor, taste
sacrificio sacrifice
sagrado, -a sacred, holy
sajón, -a *adj* and *n* Saxon, Anglo-Saxon
sal *f* salt
salado, -a salted, salty
salario salary, wages
salida departure, exit
salir to leave, go out, come out; **— de** to leave
salud *f* health
salvación salvation
salvado (*pp* of **salvar**) saved
salvadoreño, -a *adj* and *n* Salvadorean
salvaje wild, savage
sangre *f* blood
sangriento, -a bloody
santo, -a, san saintly, holy; *n mf* saint
sapo frog
satisfacción satisfaction
satisfacer to satisfy
satisfactorio, -a satisfactory
se oneself; to him, to her, to you, to them; one; itself, to itself
secado (*pp* of **secar**) dried, dried up
sección section
seco, -a dry, dried up
sector *m* sector, section
sed *f* thirst; **tener —** to be thirsty
sede *f* seat (of authority)
sedentario, -a sedentary
seducir (zc) to seduce
seguido, -a (*pp* of **seguir**) followed; **— de** followed by
seguir (i, g) to continue; to follow; to keep on
segundo, -a second

seguridad security; assurance, certainty

seguro, -a sure, certain, safe; *n m* insurance

seis six

seleccionar to select

selva jungle

selvático, -a jungle (*adj*)

semana week

semanal weekly

sembrar (ie) to sow

senador *m* senator

sensación sensation

sensual sensual, sensuous

sentenciado (*pp* of **sentenciar**) sentenced

sentido (*pp* of **sentir**) felt; *n m* sense

sentimiento feeling (*n*)

sentir(se) (ie) to feel

señal *f* sign

señor Mr., sir, lord, man

señora Mrs., lady, wife

señorita Miss, young lady

separación separation

separado, -a separate, apart, separated

separar(se) to separate

sequía drought

ser to be; *n m* being

serie *f* series

serio, -a serious

servicio service

servir (i) to serve, be used

si if, whether

sí yes; oneself, himself, herself, themselves; — **mismos** themselves

siempre always

sierra mountain range, mountainous region

siete seven

siglo century

significado (*pp* of **significar**) meant; *n m* meaning

significar to mean, signify

siguiente following, next

silla chair

simbolizar (c) to symbolize

símbolo symbol

similar similar

simpatizar to sympathize; to feel an affinity to

simple simple

simplificar to simplify

simultáneamente simultaneously

sin without; — **embargo** however; — **que** without

sindicato: — **obrero** labor or trade union

singular singular, unique

sino but; **no solo . . . —** not only . . . but; — **que** but

síntesis *f* synthesis

sintético, -a synthetic

sistema *m* system

sistemáticamente systematically

situación situation

soberanía sovereignty

sobre over; on; about; above; — **todo** especially

sobrenatural supernatural

sobrepoblación population explosion

sobrepoblado, -a overpopulated

sobreponer to superimpose, put on top

social social

socialismo socialism

socialista socialistic; *n mf* socialist

sociedad society, association; company, corporation

sociólogo, -a sociologist

sociopolítico, -a social and political

sol *m* sun

solamente only

solar solar

soldado soldier

soledad solitude; lonely place

solemne solemn

solidaridad solidarity

sólido, -a solid, sound

solo single, sole, only, alone, lonely

sólo only, just; **no — . . . sino** not only . . . but

soltero, -a single (unmarried); *n m* bachelor; *n f* single girl

solución solution

solucionar to solve

sonoro, -a sonorous

soñar (ue) to dream; — **con** to dream of, dream about

soplar to blow

sórdido, -a sordid

soroche *m* altitude sickness

sorprendente   surprising; unusual
sorprendido   (*pp* of sorprender)   surprised
soviético, -a   Soviet
su   his, her, its, their, your, one's
suave   soft; gentle
súbdito   subject (under a monarch)
subdividir   to subdivide
sucesión   succession
suelo   ground; floor
suerte *f*   luck; fate
suficiente   sufficient, enough
sufragio   suffrage
sufrir   to suffer; to undergo
suicidio   suicide
suizo, -a *adj* and *n*   Swiss
sujeto, -a   subject, liable
sumisión   submission
superar   to surpass
superficie *f*   surface, area
superior   superior, higher
superioridad   superiority
supervisión   supervision
suposición   supposition
supremo, -a   supreme
sur *m*   south
sureste *m*   southeast
suspiro   sigh
sustancia   substance
sustituir   (y)   to substitute, take the place of

T

tabaco   tobacco
tal   such, such a; con — que   provided; — como   just as; — vez   perhaps
talento   talent
tamaño   size
también   also, too
tampoco   neither, either
tan   so, as; tan . . . como   as . . . as; tan . . . que   so . . . that
tanto, -a   so much, as much; mientras — in the meantime, meanwhile; por lo — therefore; — . . . como   as much . . . as, both . . . and; *pl* so many, as many

tardar   to delay, be late; — en   to be late (about)
tarde   late; más — later; *n f*   afternoon
te   you, to you, yourself
té *m*   tea
teatral   theatrical
teatro   theater
teclado   keyboard
técnico, -a   technical; *n m*   technician; *n f*   technique
tecnológico, -a   technological
tejano, -a   *adj* and *n*   Texan
telescopio   telescope
televisión   television
tema *m*   theme, subject
templo   temple
temporada   season;   — de veraneo   beach season
temporal   temporal; temporary; *n m* spell of rainy weather
tendencia   tendency, trend
tenencia: — de la tierra   landownership
tener   to have, hold, possess; no — nada que ver con   to have nothing to do with; — ganas de   to want to, feel like; — lugar   to take place; — que   to have to; — razón to be right; — sed   to be thirsty
tensión   tension
tenso, -a   tense; tight, taut
tentación   temptation
teocrático, -a   theocratic
teológico, -a   theological
teólogo   theologian
teoría   theory
tercero, -a, tercer   third
terminación   end, ending
terminar(se)   to end, finish, terminate
término   term; end
terraza   terrace
terreno   terrain; ground, land
terrestre   terrestrial, land (*adj*)
terrible   terrible
territorial   territorial
territorio   territory
terror *m*   terror
tesoro   treasure; treasury
testimonio   testimony

tiempo   time; weather
tienda   store
tierra   land, earth, ground
tinto: vino —   red wine
típico, -a   typical
tipo   type, kind
tirano   tyrant
tirar   to throw, throw away
título   title
tocar (qu)   to play (a musical instrument); to touch
todavía   still, yet
todo, -a   all, every, whole; de —s maneras   anyway, in any event; en — caso   in any event; en —s partes   everywhere; sobre —   especially; — el mundo   everybody; pl   everybody
tolerante   tolerant
tolerar   to tolerate
tomar   to take; to sieze; to drink
tonelada   ton
tormenta   storm
toro   bull
torre f   tower; — de perforación   oil derrick
tortilla   tortilla (flat, round cornmeal cake)
tortillería   place where tortillas are made and sold
tortuga   turtle, tortoise
total m   total; en —   in all
totalidad   totality
trabajador, -a   working (adj); n mf worker
trabajar   to work
trabajo   work, job
tractor m   tractor
tradición   tradition
tradicional   traditional
traer   to bring; to carry
tráfico   traffic
tragedia   tragedy
trágico, -a   tragic
traidor m   traitor
traje m   dress, costume, suit
tranquilo, -a   tranquil; quiet
transatlántico, -a   transatlantic; n m transatlantic liner
transcendencia   transcendence

transcontinental   transcontinental
transferencia   transference, transfer
transformación   transformation
transformar(se)   to transform
transición   transition
transmitir   to transmit
transportar   to transport
transporte m   transport, transportation
tratado   treaty
tratar: — de   to try to
treinta   thirty
tren m   train
tres   three
tribu f   tribe
tributario   tributary
trigo   wheat
triste   sad
triunfo   triumph, victory
tropa   troop
tropical   tropical
trovador m   troubadour
tu   your
tumba   tomb
túnel m   tunnel
turismo   tourism
turista mf   tourist
turístico, -a   tourist (adj)

U

u   or
último, -a   least; latest; final
ultraconservador, -a   ultraconservative
ultraelegante   ultraelegant
ultramoderno, -a   ultramodern
ultrarradical   ultraradical
ultrarrefinado, -a   ultrarefined
único, -a   only, sole; unique
unidad   unity; unit
unido, -a   united
unificación   unification
unificar (qu)   to unify
uniforme   uniform (adj); n m uniform
unión   union
unir(se)   to unite; to join
universal   universal
universidad   university

universitario, -a university (*adj*); *n mf* university student

uno, -a, un a, an, one; *pl* some

urbanizar to urbanize; **—se** to become urbanized

urbano, -a urban

urgente urgent

uruguayo, -a *adj* and *n* Uruguayan

usar to use

uso use, usage, practice, custom

usufructo usufruct

utilitario, -a utilitarian

utópico, -a utopian

utilizar (c) to utilize, use

uva grape

V

vaca cow

vacaciones *f* vacation

vago, -a vague

valer to be worth

valiente brave

valor *m* value, worth; courage; **por — de** worth

valle *m* valley

vaquero cowboy

variado, -a varied

variedad variety

varios, -as various, several

vaso glass (for drinking)

vasto, -a vast

vecino, -a neighboring; *n mf* neighbor

vegetación vegetation

vegetal vegetal

vehículo vehicle

veinte twenty

vencer (z) to conquer, overcome

vencido: darse por — to give up, give in

vender to sell

venezolano, -a *adj* and *n* Venezuelan

venir to come

ver to see, look; **no tener nada que — con** to have nothing to do with

veraneo: temporada de — beach season

verano summer

verbo verb

verdad truth

verdadero, -a true, real

verde green

versión version

verso verse; line (of poetry)

vestigio vestige

vestir (i) to dress

veterano, -a veteran

vez *f* time; **a su —** in turn; **a veces** sometimes; **en — de** instead of; **tal —** perhaps

vía route, way; via

viajar to travel

viaje *m* trip, voyage

víctima victim

victoria victory

vida life, living; **costa de la —** cost of living; **nivel de —** standard of living

viejo, -a old, ancient

viento wind

vigor *m* vigor

vigoroso, -a vigorous

vino wine; **— tinto** red wine

violado (*pp* of **violar**) violated

violencia violence

violento, -a violent

violín *m* violin

vírgen virgin; *n f* virgin

virtud virtue

visible visible, evident

visión vision

visita visit; visitor

visitante *m* visitor

visitar to visit

vista view; sight; **a primera —** at first glance

vitalidad vitality

vivir to live; **¡Viva . . . !** Long live . . . !

vocabulario vocabulary

vocero spokesman

vodú *m* voodoo

volcán *m* volcano

volcánico, -a volcanic

voluntad will (determination)

volver (ue) to turn; to return; **— a +** *inf* to . . . again; **—se** to become

vorágine *f* whirlpool
votar to vote
voto vote (*n*)
vuelo flight
vuelta: dar la — a to go around
vuestro, -a your

Y

y and

Z

ya already, now, yet; — **no** no longer; — **que** since
yanqui *adj* and *n mf* Yankee, American (U.S.)
yerba mate Paraguayan tea
yugoeslavo, -a *adj* and *n* Yugoslavic, Yugoslav

zona zone

Credits and Acknowledgments

Cover: Woodcut, 1968, by Pérez Celis, Buenos Aires, Argentina.

P. xiv Richard Magruder, Freelance Photographers Guild.

P. 9 *Top:* Marc and Evelyne Bernheim, Rapho-Guillumette Pictures. *Bottom:* Prints Division, The New York Public Library, Astor, Lenox and Tilden Foundation.

P. 10 *Top:* reprinted from Diego Durán, *Historia de las Indias de Nueva España y islas de tierra firme,* Volume II, Mexico, 1867–1880. American Division, The New York Public Library, Astor, Lenox and Tilden Foundation. *Bottom:* Monkmeyer Press Photo Service.

P. 11 Marc and Evelyne Bernheim, Rapho-Guillumette Pictures.

P. 12 *Top:* Frances Gross, Monkmeyer Press Photo Service. *Bottom:* Peter Anderson, Black Star.

P. 14 *Left:* American Museum of Natural History. *Right:* Gisele Freund, Photo Researchers.

P. 15 Gordon Troeller, Black Star.

P. 16 Richard Magruder, Freelance Photographers Guild.

P. 28 Detail of mural from the Palace of Cortés, Cuernavaca, Mexico. Photo by Otto Dune.

P. 34 Courtesy of the Carnegie Institution.

P. 40 Pan American Airways.

P. 58 Picture Collection, The New York Public Library.

P. 66 *Top:* Rare Book Division, The New York Public Library, Astor, Lenox and Tilden Foundation. *Bottom:* Organization of American States.

P. 67 Marc and Evelyne Bernheim, Rapho-Guillumette Pictures.

P. 68 *Top:* UPI. *Bottom:* Wide World Photos.

P. 70 *Top:* Puerto Rico Economic Development Administration. *Bottom left:* Wide World Photos. *Bottom right:* Organization of American States.

P. 71 *Top:* "Mother and Child," 1939, Wilfredo Lam. Gouache, 41″ × 29¼″. Collection, The Museum of Modern Art, New York. *Bottom:* Marc Riboud, Magnum.

P. 72 Organization of American States.

P. 78 United States Navy.

P. 92 Pan American Airways.

P. 93   *Top:* Linares, Monkmeyer Press Photo Service. *Bottom:* Organization of American States.

P. 94   *Top:* "The Presidential Family," 1967, by Francisco Botero. Oil on canvas, 6'8⅛" × 6'5¼". Collection, The Museum of Modern Art, New York. Gift of Mr. and Mrs. Warren D. Benedek. *Bottom:* Dieter Grabitzky, Monkmeyer Press Photo Service.

P. 96   *Top:* Museo Nacional de Historia, Lima, Peru. Photo by Abraham Guillén. *Bottom:* Organization of American States.

P. 97   Cornell Capa, Magnum.

P. 98   Braniff International.

P. 99   *Top:* Standard Oil. *Bottom left:* Braniff International. *Bottom right:* Colombia Information Service.

P. 100 Dmitri Kessel, *Life Magazine.* © Time, Inc.

P. 112 Karl Weidmann, National Audubon Society.

P. 140 From Hans Mann, *South America,* published by Thames and Hudson.

P. 148 Rene Burri, Magnum.

P. 149 *Top:* Alberto Blasi Brambilla. *Bottom:* Leonard McCombe. © Time, Inc.

P. 150 *Top:* Braniff International. *Bottom:* Coca-Cola International.

P. 152 *Top:* Braniff International. *Bottom:* Dallas Museum of Fine Arts. Photo supplied by the Organization of American States.

P. 153 *Top:* Braniff International. *Bottom:* Leonard McCombe. © Time, Inc.

P. 154 Rene Burri, Magnum.

P. 162 Wide World Photos.

Photos of national seals were supplied by the Organization of American States, except that of the Puerto Rican seal, which was supplied by Puerto Rico Economic Development Administration.

A 2
B 3
C 4
D 5
E 6
F 7
G 8
H 9
I 0
J 1